AF322777

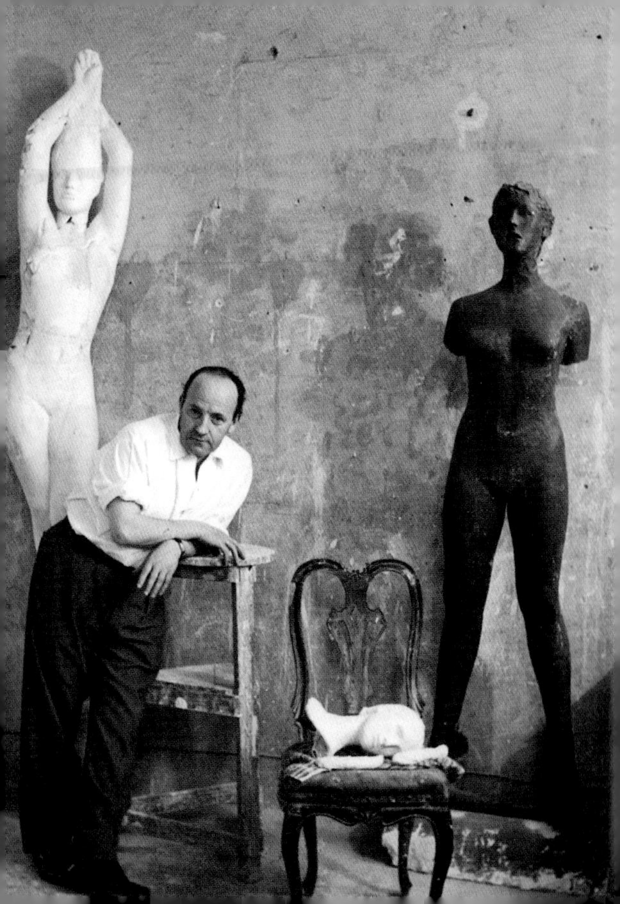

MANZÙ

Passi di danza

Ideazione grafica e coordinamento editoriale:
Catherine Loewer

Fotografie dell'archivio privato
dello Studio Manzù di Ardea

Reference in the United States:
Tasende Gallery, La Jolla, California, USA

ISBN 2 - 940033 - 70 - 6

Fotolito: X-Pose, Plan-les-Ouates (CH)
Stampato da Buri Druck AG, Wabern (CH)
Rilegatura: Schumacher AG, Schmitten (CH)

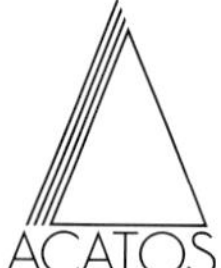

Editions Acatos
17, avenue Villamont
CH - 1005 Lausanne
Tél: 41 - 21 - 312 06 52
Fax: 41 - 21 - 312 91 08
e-mail acatos@bluewin. ch

MANZÙ

Passi di danza

Testo
Salvatore Quasimodo

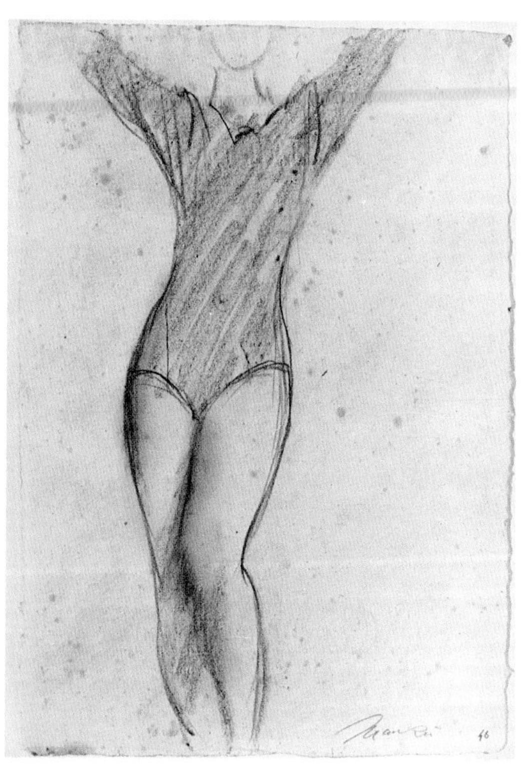

Passi di danza

Salvatore Quasimodo

Scendono nel marmo le pieghe
delle figure-stalattiti della tristezza
di Manzù. La danza unisce le
separazioni di spazio e tempo, le
curve precedenti ai profili di posa
in una promessa di altra
dimensione dove le deviazioni
sono brevi e le decisioni spezzate.
Il pentimento è la noia dei capelli
sciolti, intrecciata all'ansia di una
risposta ripetuta, di una domanda
mai accolta.

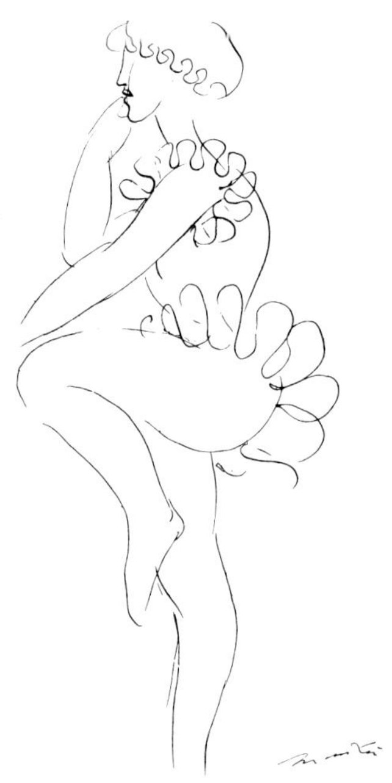

Nella scultura, legata al sostegno
necessario, la geometria della
mente non vuole incontrare angoli
di sentimenti. Non un ostacolo al
riposo fluttuante della danzatrice.
Contro la parete rilievi o figure
ferme che noi non vediamo
attraverso la scelta: in una "ninfa"
di Manzù la natura è incorrotta,
come in un luogo dell'artista che
porti immagini mentali e visive di
una realtà non velata dalla polvere
dell'artificiale.

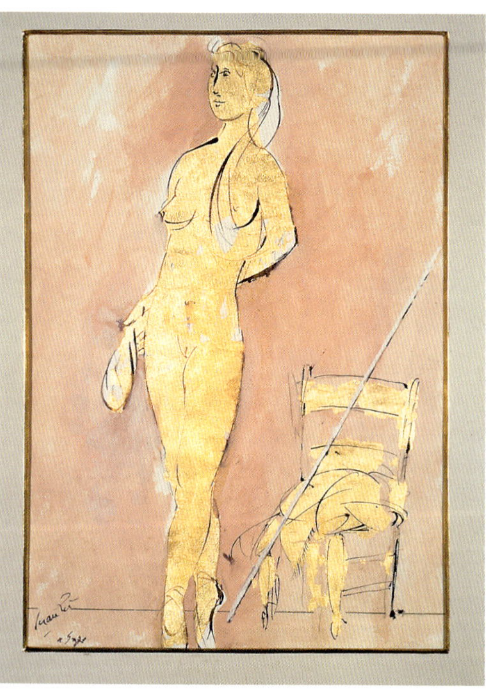

Una preghiera circonda di dolcezza le spalle, le braccia, il volto e le gambe nude della coreografia contemporanea dello scultore. Le ombre e il sole che in un giardino costruito geometrizzano cespugli e alberi predisposti - uno stato iniziale dell'anima equivoco e una volgare delusione, poi - nella danza che qui si vuole "dirigere" non forzano la mitologia della nostra tradizione a una serenità di estetica pagana.

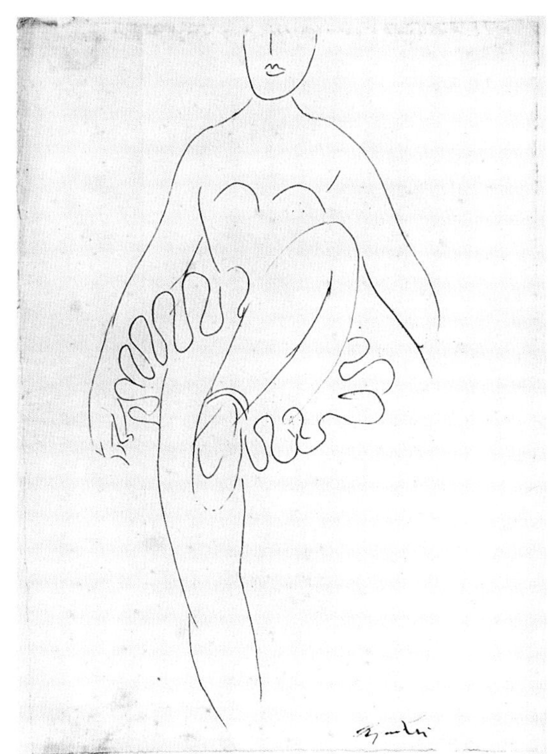

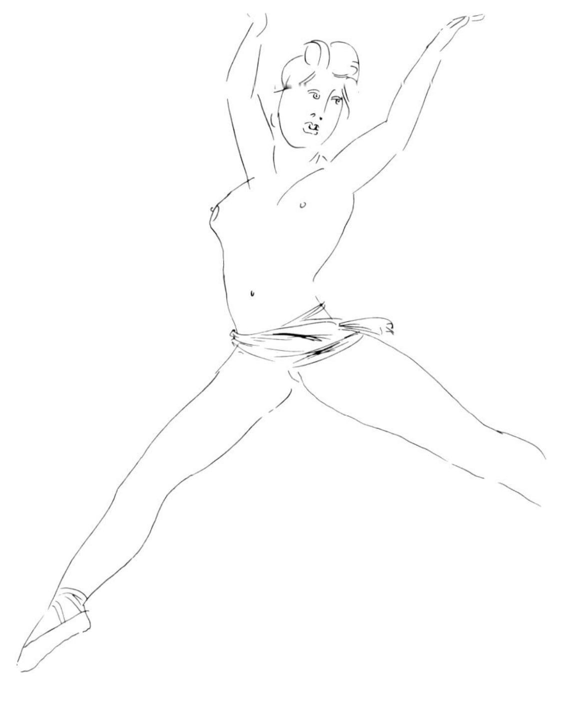

Qui ci sono ombre come di
montagne, formazioni primordiali,
fossili di amore e dolore che
l'uomo attorciglia nel cuore delle
sue stagioni, timpani di vetro e di
granito che rimandano i simboli di
modulazioni disarmoniche. Gli
atteggiamenti leggeri, i distacchi,
sono per Manzù una scrittura
precisa e limpida, legata alle leggi
della fisica, alle categorie
inascoltate della sua mente.

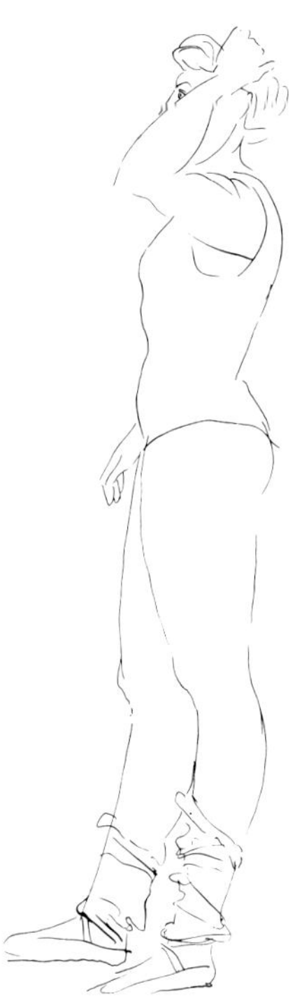

I corpi di giovinette, movimento
e parentesi vitali, sembrano
chinare i sorrisi su cadenze di
velluti e di rasi, abiti del '500;
eleganze, però, non divise di
membra e di calzari o di guanti
pallidi che indicano misure di
attesa inventate negli interni di
arazzi. Le danzatrici continuano in
aeree passeggiate, e l'andante
della loro purezza richiama mode
e nascite, pause antiche in
proiezione non tangibile, tanto
oltre le convenzioni di accademia
contemporanea da oscillare sul
quadrante delle linee della storia.

I capelli, liane o sartie di velieri,
sollevano i passi di danza,
piedestallo di un'armonia interna.
Dietro l'iride di marmo dei volti
lunghi, increspati dalla quiete non
offesa di uno sforzo bilanciato
sulle punte dei piedi e sulle
caviglie è oscura, ma intuibile
invocazione, la prospettiva
rovesciata dei palcoscenici dei
teatri.

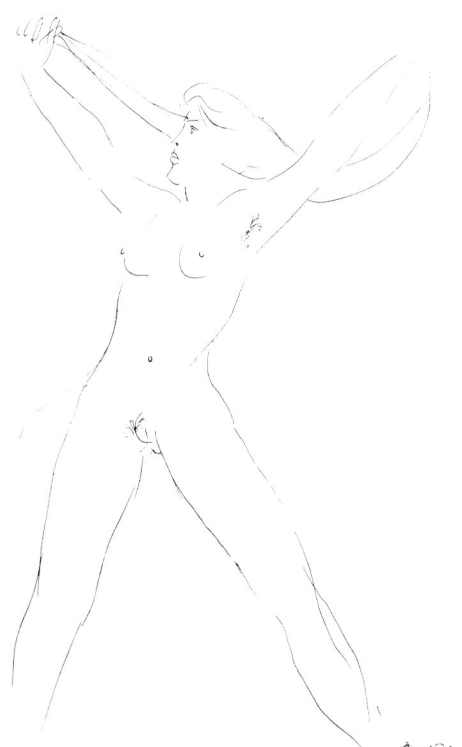

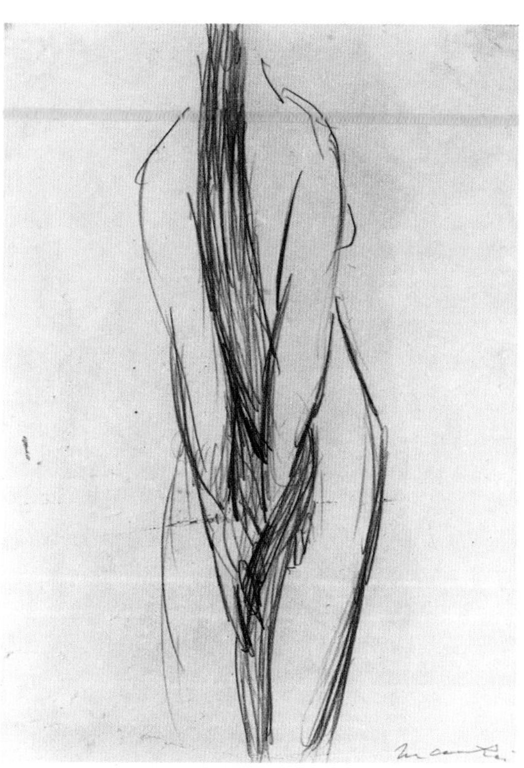

I riflettori che insistono sul volto
dei maestri di musica, i coni
oscillanti di chiaro, il ritmo dei
passi, i padiglioni di lampadari, i
semicerchi e gli abissi, le torri a
vortice, sono un mondo non
essenziale alle ballerine di Manzù;
la loro essenza è di donna, non
uguale alle decorazioni frantumate
di un Degas o di altri costruttori di
stanze teatrali.

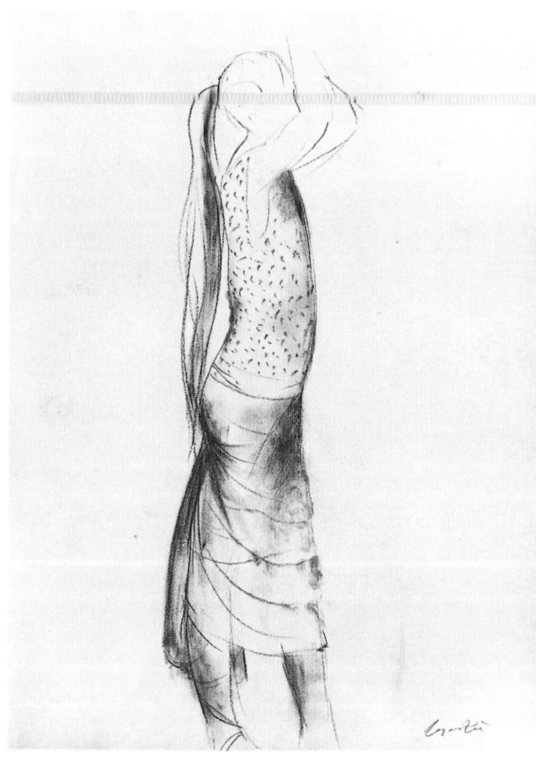

Un passato dello scultore è chiaro - anche se attraverso il silenzio e la levigazione delle superfici - nell'esperienza forte delle sue figure di danza: i pensieri della giovinezza muovono da un'origine lombarda che trascina, con tutto il positivo delle sue affermazioni, la civiltà di Manzù sulle rive umide di certi parchi dell'alta Regione.

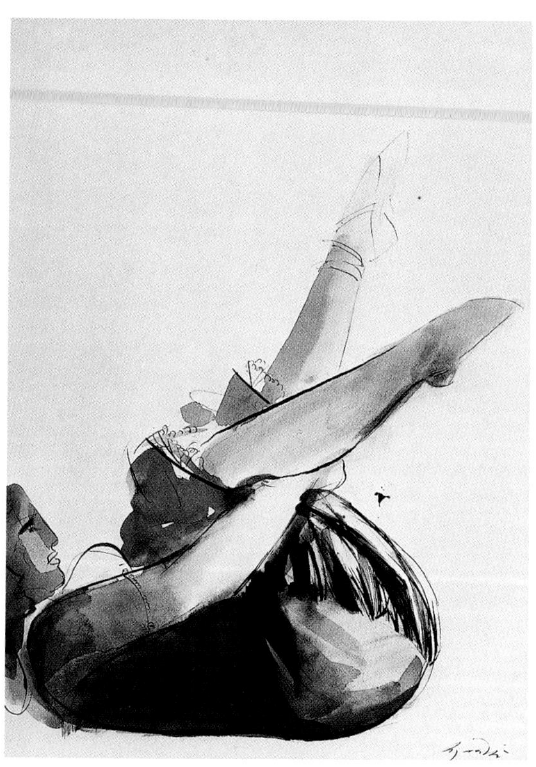

Dove la nebbia avvolge i boschi
di acacia con la stessa esattezza
dello sguardo del Maestro sulle
sue opere. Le ville hanno colonnati
e malinconie isolate di
meditazione, complessi dove la
psiche non gioca da anni, forse da
secoli, il suo torneo di liberazione
mondana. La morte, tanto
sconosciuta ma forse più amata
che altrove, ricorda su quelle
colline cupe le pugnalate di sole
nelle feste di addio della "Belle
Epoque".

La severità è comune ai paesaggi dell'infanzia dello scultore, condizione delle ricerche fatte in un ambiente più antico, al di là della follia iniziale francese, della facile scuola dell'impressione, in un luogo dove scivolano puntuali le domande cattoliche. La danza è già estranea dal frivolo mutamento di tessuti, dai turbamenti facili dei caffé-concerto dove i tavoli rotondi e gli specchi riflettevano volti di donne e di uomini tristi per costume.

Qui ha il suo filo a piombo la classica imposizione donatelliana, con i confessionali aperti sulle

piazze, quando l'intelligenza e la
cultura, di scuola, batteva il suo
ordine alle recenti ambasciate del
Nord. Le donne di Manzù si
stringono in questo volume come
avorio su una scacchiera: e non
dimenticano il tormento di
influenza pittorica. Ma dove il
precursore aveva ridotto la sua
conoscenza di colori e di luci, nella
scultura, ad una sola dimensione,
Manzù si avvicina alla plasticità
assoluta, anche se di natura più
astratta che realistica, delle statue
del Medioevo lombardo. Le
dolorose e remote sofferenze delle
sante romaniche: piccole e tese in
un misticismo ortodosso e umile,
di natura contadina e cortese.

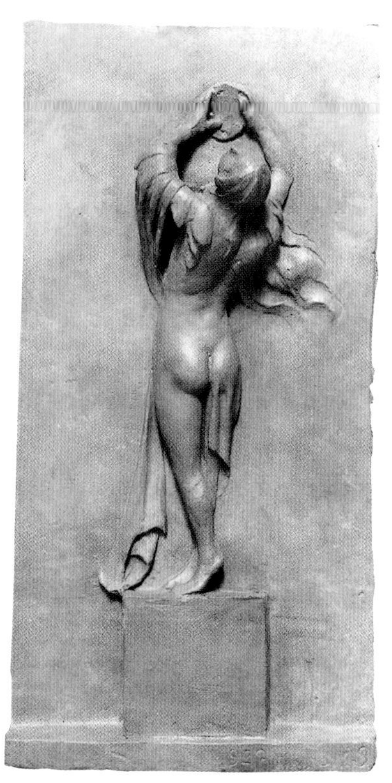

Pas de danse

Les plis des figures-stalactites de la tristesse de Manzù pénètrent le marbre. La danse unit les séparations d'espace et de temps, les courbes précédant aux profils de pose en une promesse d'une autre dimension où les déviations sont brèves et les décisions rompues. Le repentir est l'ennui des cheveux défaits, tressés à l'anxiété d'une réponse répétée, d'une demande jamais accueillie. Dans la sculpture, liée au support nécessaire, la géométrie de l'esprit ne veut pas rencontrer d'angles de sentiments. Pas un seul obstacle ne perturbe le repos fluctuant de

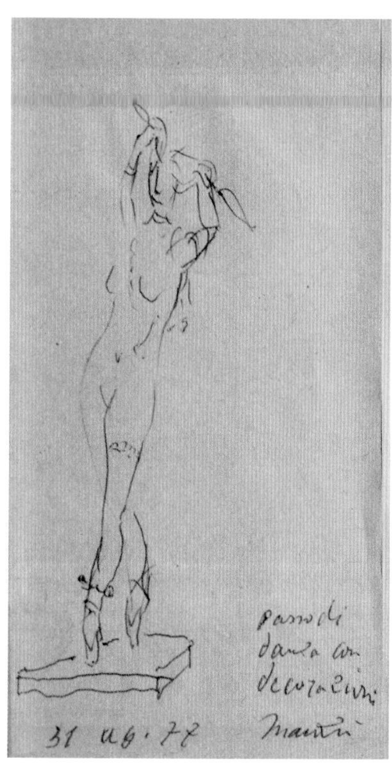

passo di
danza con
decorazioni.
Martini
31 ag. 78

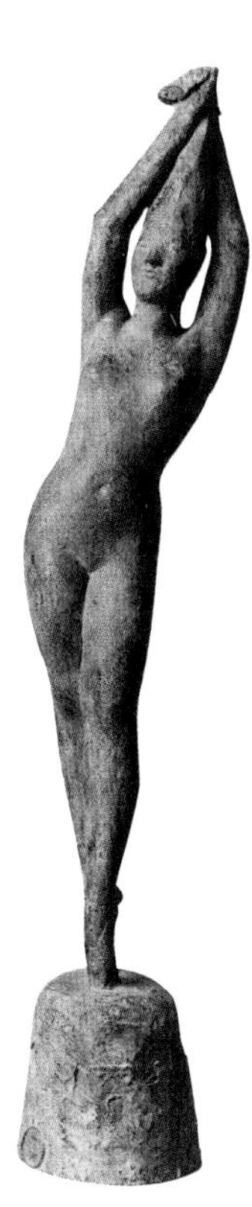

la danseuse. Contre la paroi des
reliefs et figures fermes que nous
ne voyons pas au travers du
choix : une «nymphe» de Manzù
dont la nature n'est pas
corrompue, comme dans un locus
de l'artiste, porteur d'images
mentales et visuelles - d'une réalité
qui n'est pas voilée par la poudre
de l'artificiel. Une prière enlace de
douceur les épaules, les bras, le
visage et les jambes nues de la
chorégraphie contemporaine du
sculpteur. Les ombres et le soleil
qui dans un jardin domestiqué
géométrisent les buissons et les
arbres ordonnés - état initial de
l'âme équivoque et vulgaire
déception - se gardent ensuite de

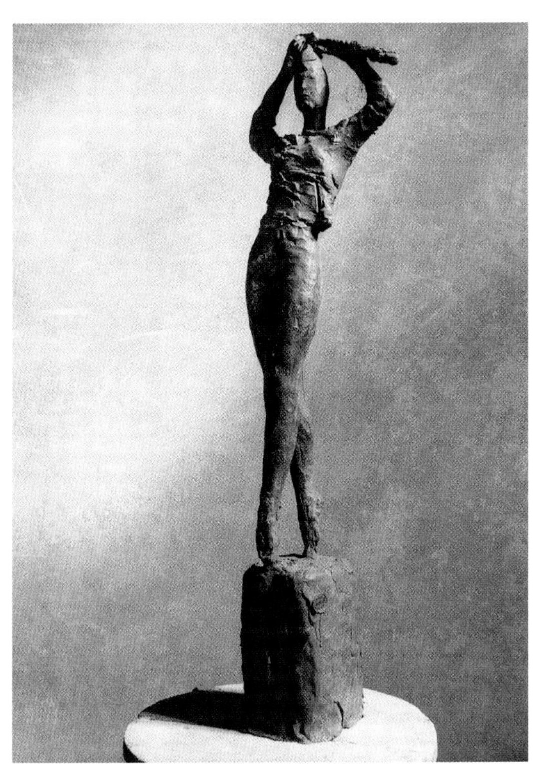

soumettre, dans la danse que l'on veut ici «diriger», la mythologie de notre tradition à la sérénité d'une esthétique païenne.

Ici, il y a les ombres des montagnes, des formations primaires, des fossiles d'amour et de douleur que l'homme entortille dans le cœur de ses saisons, timbales de verre et de granite qui renvoient les symboles de modulations dissonantes. Les attitudes légères, les détachements sont pour Manzù une écriture précise et limpide, liée aux lois de la physique, aux catégories inécoutées de son esprit.

Les corps de jeunes filles, le
mouvement et les parenthèses
vitales, semblent soumettre les
sourires à des cadences de velours
et de satin - habits du XVIè siècle ;
élégance, mais qui ne se défait pas
des membres, ni des chaussons ou
des gants pâles qui marquent la
mesure de l'attente inventée dans
l'antre des tapisseries. Les
danseuses continuent leurs
promenades aériennes, l'andante
de leur pureté évoquant modes et
naissances, et poses antiques au
travers de projections intangibles,
si différentes des conventions
académiques contemporaines qui
oscillent sur le cadran des lignes
de l'histoire. Les cheveux, lianes

ou haubans de voiliers, que soulèvent les pas de danse, piédestal d'une harmonie intérieure.

Derrière l'iris de marbre des longs visages, tendus par une paix qui ne s'offense pas d'un effort d'équilibre sur la pointe des pieds et sur les chevilles : la perspective inversée des scènes de théâtre - à la fois obscure et intuitive invocation. Les réflecteurs qui burinent le visage des maîtres de musique, les cônes oscillant de clair, le rythme des pas, les pavillons de lustres, les demi-cercles et les abîmes, les pirouettes jusqu'au vertige, sont un monde

qui n'est pas essentiel aux
ballerines de Manzù ; leur essence
est de femme, distincte des
décorations fracturées d'un Degas
ou d'autres décorateurs de théâtre.

L'un des passés du sculpteur est
clair - même au travers du silence
et du polissage des surfaces - dans
l'expérience forte de ses figures de
danse : les pensées de la jeunesse
remontent à une origine lombarde
qui entraîne, avec tout le caractère
péremptoire de ses affirmations, la
civilité de Manzù jusqu'aux rives
humides de certains parcs de la
haute Région. Où la neige
enveloppe les forêts d'acacias avec
l'exactitude du regard que porte le

Maestro sur ses œuvres. Les villas ont des colonnes et des boudoirs isolés de méditation, des complexes où depuis des années, peut-être des siècles, la psyché ne joue plus son tournoi de libération mondaine.

La mort, si méconnue mais peut-être plus aimée qu'elle ne l'est ailleurs, se souvient sur ces collines des coups de poignard portés par le soleil durant les fêtes d'adieu de la «Belle Epoque».
La sévérité est de loi dans les paysages de l'enfance du sculpteur - condition des recherches entreprises en un milieu plus ancien, au-delà de la folie française

initiale, de l'école facile de l'impression, en un lieu où échouent régulièrement les interrogations catholiques. La danse est déjà étrangère au changement frivole des tissus, des émois faciles des cafés-concerts, où les tables rondes et les miroirs reflètent des visages d'hommes et de femmes tristes par habitude.

Ici, nous retrouvons le fil à plomb, la classique contrainte Donatellienne, les confessionnaux ouverts sur la place publique, quand l'intelligence et la culture, d'école, battaient en brèche les récentes ambassades du Nord. Les femmes de Manzù évoluent dans

cet espace comme l'ivoire sur
l'échiquier : sans oublier le
tourment de l'influence picturale.
Mais là où dans la sculpture son
précurseur avait réduit la
connaissance des couleurs et des
lumières à une seule dimension,
Manzù se rapproche de la
plasticité absolue des statues de la
Lombardie médiévale, bien que
l'impulsion soit plus abstraite que
réaliste. Les douloureuses et
lointaines souffrances des saintes
romaines : petites et tendues en un
mysticisme orthodoxe et humble,
de nature paysanne et courtoise.

Salvatore Quasimodo

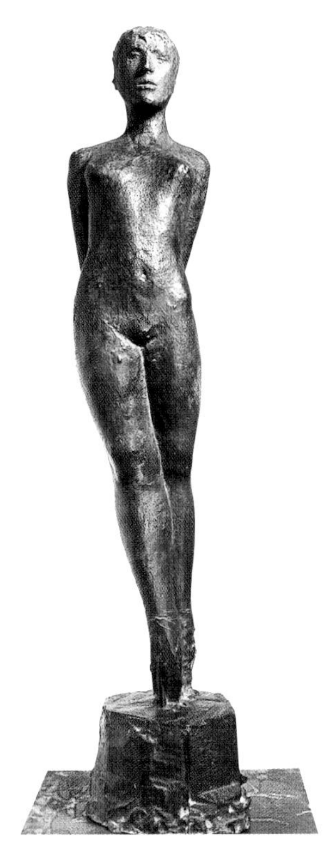

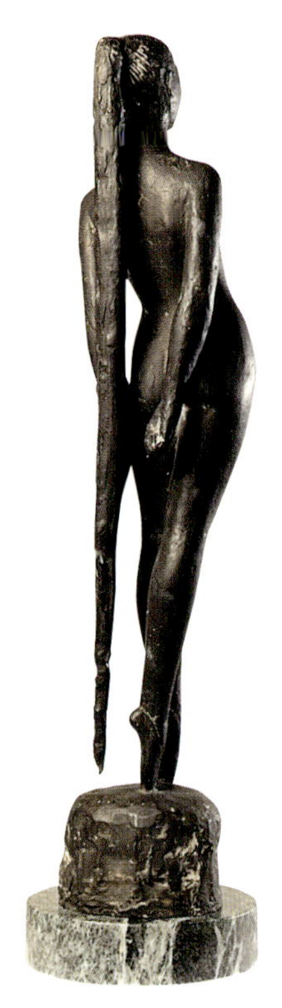

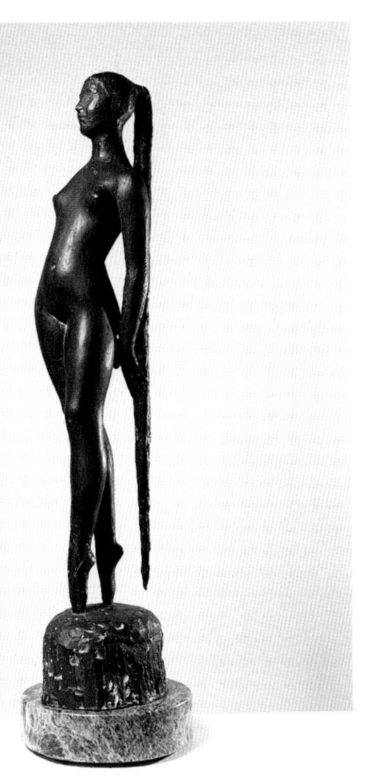

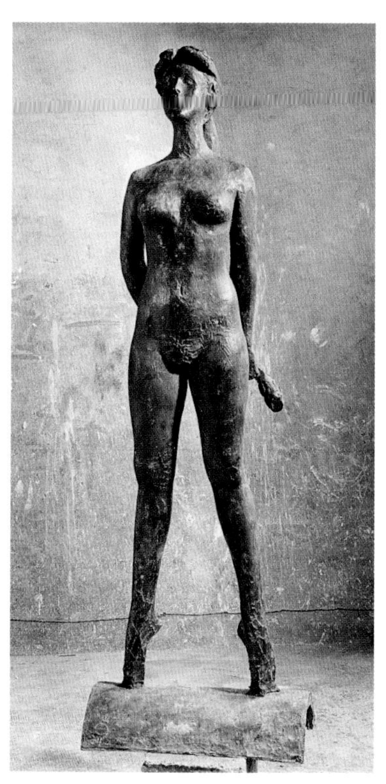

Dance Steps

The furrows of Manzù's figures, stalactitic in their melancholy, are deeply impressed into the marble. Dance unites the gaps wrought by time and space, the curves preceding the posed profiles, holding out the promise of another dimension where swerves are brief and decisions abrupt. Repentance is paid in the tediousness of their tousled hair, braided with the anxiety of a repetitive answer, a request left unanswered. In sculpture, tied to the inescapable base, mental geometry balks at encountering emotional angles. Not a single obstacle disturbs the ballerina's fluctuating pause.

Against the wall, reliefs and solid
figures fade from view as we focus
on a "nymph" by Manzù, a
nymph who remains
uncontaminated as if issued forth
from a locus specific to this artist,
his source of mental and visual
images. A nymph whose reality is
not veiled in artifice. A prayer
entwines her gently sloping
shoulders, her arms, the naked
face and legs of the sculptor's
contemporary choreography. The
shadows and the sun, which, in a
domesticated garden impose
geometric form onto the ordered
trees and bushes (the soul's initial
state of ambiguity and vulgar
deceit), subsequently take care -
within the dance to be "directed"

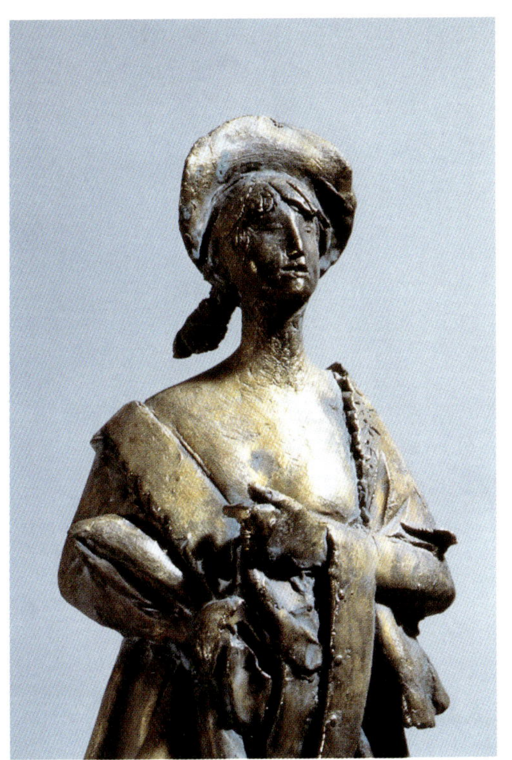

here - not to subject the mythology of our tradition to the serenity of pagan aesthetics.

Here we find shadows of mountains, of primal shapes, of fossils of past love and pain entangled by humankind within the heart of its seasons; glass and granite echoes that reflect symbols of dissonant modulations. To Manzù, the loose poses and detached airs of his figures represent writing marked by precision and limpidity - writing linked to to the laws of physics, to the unheeded categories of his mind.

The girls' bodies, their movements
and vital arrests, seem to subject
their smiles to rhythms in velvet
and satin, all the fashion in the
16th century. They bespeak an
elegance that is inseparable from
their limbs, just as it is from the
ballet shoes or pale gloves that
beat the time of a wait invented in
the heart of tapestries. The dancers
continue their airy promenades, in
an andante that brings to mind
fashions, births, and poses of
Antiquity, resorting to intangible
projections quite unlike the
contemporary academic norms
that oscillate along the dial lines of
history. Their hair, like lianas or
sailing rig ropes, is lifted high by

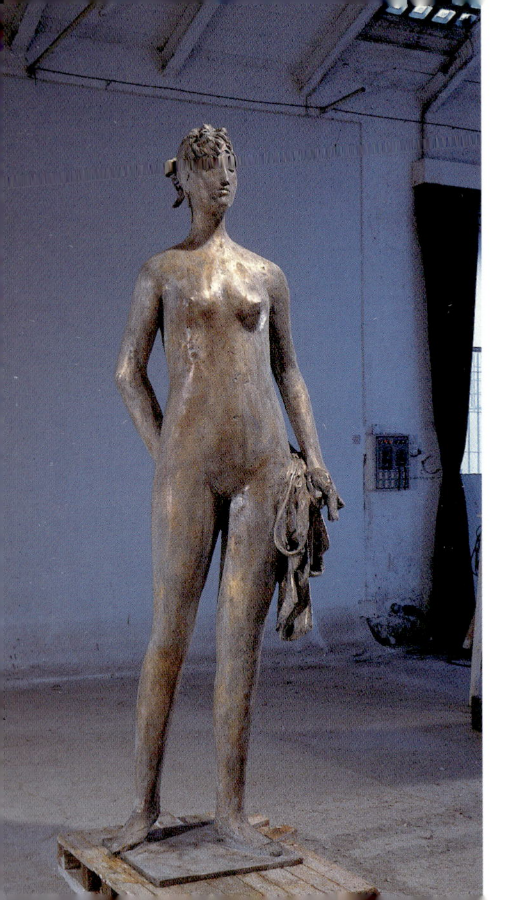

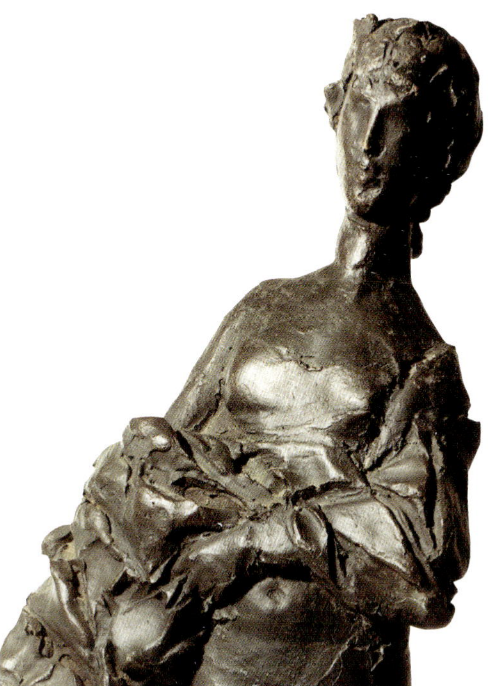

dance steps that serve as a
pedestal to inner harmony.

Behind irises of marble, their
elongated faces are tautened by
peace undisturbed by the effort of
balancing on their pointed toes
and ankles: the opposite of
theatrical perspective, an at once
obscure and intuitive invocation.
Reflectors that etch crags into the
faces of the music masters,
swinging cones of light, the
rhythm of the dance steps, tiers of
lights, semicircles and chasms,
dizzying pirouettes - all this is
unnecessary to Manzù's ballerinas.
What matters is the woman in
them, as distinct from the

fractured decorative effects of a
Degas or other stage designers.

One strain of influence on Manzù
for these strongly expressive dance
figures stands out clearly, and
even comes through the surface
silence and sheen of his works:
reminiscences of a youth in
Lombardy. The artist's
peremptorily assertive nature can
be traced back to the humid banks
of Northern Italy's Po River
region. A region where snow
envelopes the locust tree forests
with the same exactitude as the
gaze cast by the Maestro upon his
works. A region where the villas
feature columns and isolated
meditation chambers; where, since

many years, perhaps even since centuries, the mirrors refuse to register the mundane jousting of humankind.

Death, so readily disclaimed but perhaps more loved here than elsewhere, recalls among these hills the dagger stabs of the sun during the celebrations bidding farewell to the "Belle Epoque". Severity was the rule in the sculptor's childhood landscapes: a feature reflecting research undertaken in an older context, beyond the initial French madness - the easy school of impressions - at a site more accustomed to Catholic interrogations. Dance here already distanced itself from the frivolity of fancy fabrics, the lighthearted flusters of the cafés-concerts, with their round tables and mirrors reflecting the faces of men and women in the habit of being sad.

Here we unearth the plumb line, the classical constraint of Donatello, the confessionals opening out onto the public square, when intelligence and scholarly learning combined to demolish the recent emissaries from the North. Manzù's women evolve within this space like the pieces on a chessboard, while nevertheless paying tribute to the influence of painting. But where his predecessor had reduced the knowledge of color and light to a single dimension, Manzù draws closer to the absolute plasticity of the statues of medieval Lombardy, even if the incentive behind his work is more abstract than realistic. The painful and faraway sufferings of the Roman saints: small and tensed in their humble and orthodox mysticism, of a rustic and courtly nature.

Salvatore Quasimodo

translated from the French translation of the original Italian text by Salvatore Quasimodo, English translation: Margie Mounier

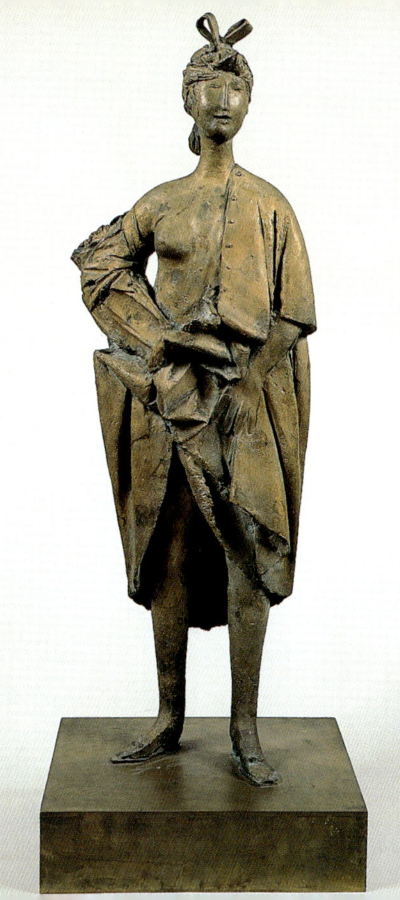

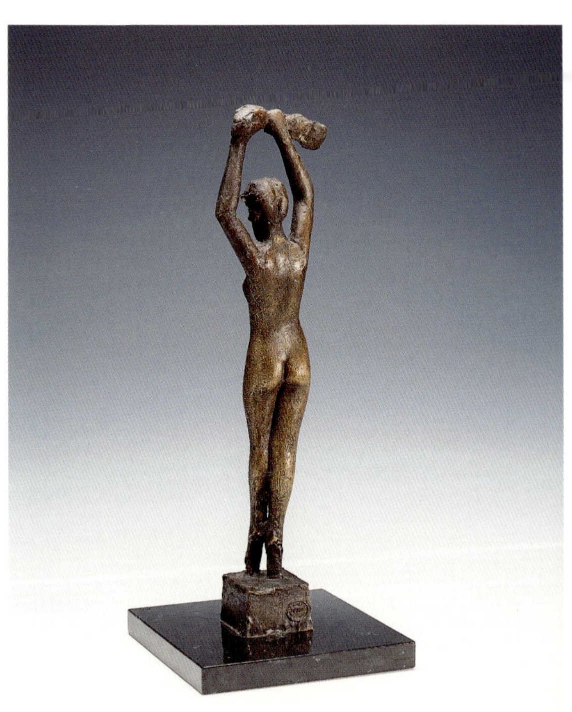

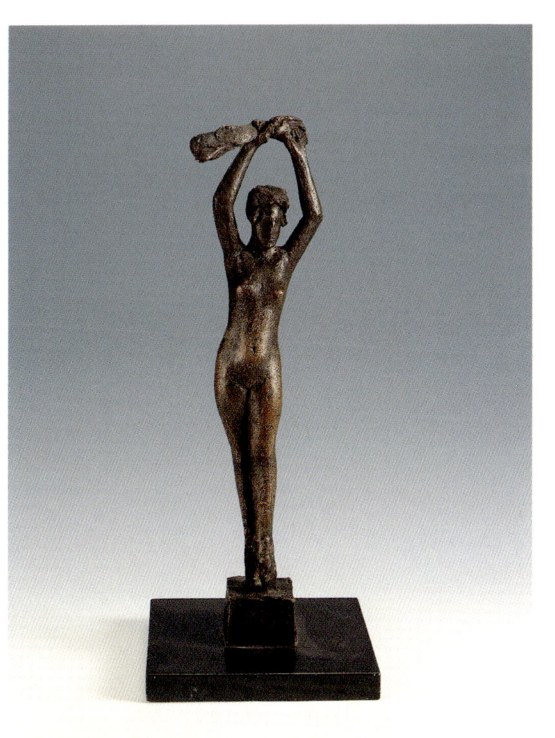

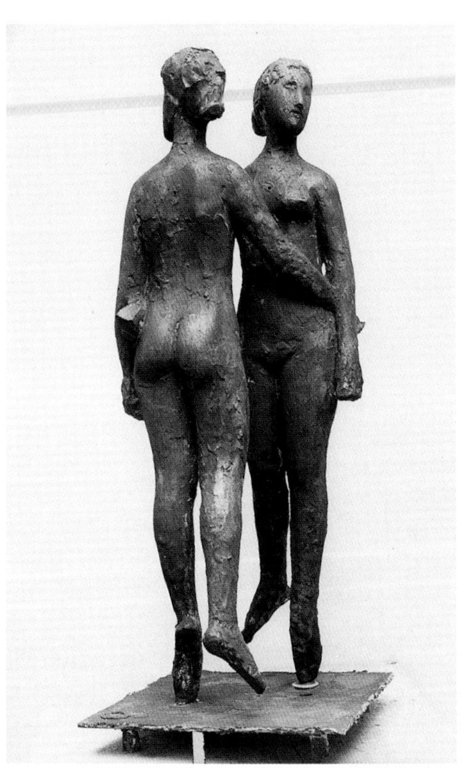

Tanz Schritte

Die melancholischen Stalaktiten-Figuren Manzùs nehmen im Marmor Gestalt an. Der Tanz vereinigt räumliche und zeitliche Trennungen, die vorangegangenen Biegungen mit den Silhouetten der Pose im Versprechen auf eine andere Dimension, in welcher Abweichungen kurz und Entscheidungen unterbrochen sind. Die Reue ist der Überdruss der aufgelösten Haare, verflochten mit der Angst vor einer wiederholten Antwort, einer nie gehörten Frage.

In der Skulptur, wo der Sockel notwendig ist, will die Geometrie des Geistes nicht auf Gefühlswinkel treffen. Nicht auf eine Behinderung des schwebenden Ruhens der Tänzerin. An der Wand Reliefs oder unbewegliche Figuren, die wir durch die Wahl nicht sehen: In einer „Nymphe" von Manzù ist die Natur unverdorben, wie an einem Ort des Künstlers, der mentale und visuelle Bilder einer nicht vom Staub des Künstlichen verhüllten Wirklichkeit in sich trägt.

Sanft umgibt ein Gebet Schultern, Arme, Gesicht und entblösste Beine der zeitgenössischen Choreographie des Bildhauers. Schattenwurf und Sonnenlicht, in

einem angelegten Garten Büsche
und Bäume stilisierend, bereit - ein
zwiespältiger Urseelenzustand
und eine herbe Enttäuschung
dann - zum Tanz, den man hier
„dirigieren" will, zwingen die
Mythologie unserer Tradition nicht
zu einer Gelassenheit heidnischer
Ästhetik.

Da gibt es Schatten wie von
Gebirgen, Urformationen,
Versteinerungen der Liebe und des
Schmerzes, die der Mensch im
Herzen seiner Jahreszeiten
einwickelt, Pauken aus Glas und
Granit, welche die Symbole
disharmonischer Modulationen
wiedergeben. Das Leichtfüssige,
die Trennungen sind für Manzù

eine präzise und klare Schrift,
gebunden an die physikalischen
Gesetze, an die unbeachteten
Kategorien seines Geistes.

Die Jungmädchenkörper,
Bewegung und vitale
Zwischenspiele, scheinen das
Lächeln auf Kadenzen von Samt
und Atlasstoff, Kleidungsstücke
des 16. Jahrhunderts zu neigen;
ungeteilte Anmut der Glieder und
Schuhe oder blassfarbenen
Handschuhe, welche wie in
Interieurs von Gobelins das Mass
der Erwartungen angeben. Die
Tänzerinnen setzen ihre
Spaziergänge in der Luft fort, und
ihre Reinheit erinnert an Moden
und Geburten, alte Pausen in nicht

greifbarer Projektion, so sehr über den zeitgenössischen akademischen Konventionen, dass sie auf dem Quadranten der Geschichtslinien schwingen.

Die Haare, Schlingpflanzen oder Segelschiffwanten gleich, lösen die Tanzschritte aus, Basis einer inneren Harmonie. Jenseits der langen irisierenden Gesichter, gerunzelt in der Regungslosigkeit eines schwebenden Gleichgewichts auf Zehenspitzen und Fesseln, ist die umgekehrte Perspektive der Theaterbühnen düstere, aber ahnbare Anrufung.

Die Reflektoren, die auf das Gesicht der Musikehrmeister

gerichtet sind, die oszillierenden
Lichtkegel, der Rhythmus der
Schnitte, die Pavillons der
Leuchter, die Halbkreise und die
Abgründe, die herumwirbelnden
Türme, gehören nicht zur Welt der
Ballerinen Manzùs. Ihre Essenz ist
das Frausein, nicht diejenige der
künstlerischen Auflösung eines
Degas oder anderer Erschaffer von
Theaterräumen.

Eine Vergangenheit des Bildhauers
wird klar - wenn auch nur über
die Stille und die glatten
Oberflächen - in der
Ausdruckskraft seiner
Tanzfiguren: Die Gedanken der
Jugend sind lombardischen
Ursprungs, der, mit allen seinen

positiven Bekräftigungen, die
Kultur Manzùs an die feuchten
Ufer gewisser Gebiete des
Hochlandes bringt.

Wo der Nebel die Akazienwälder
mit der gleichen Exaktheit wie der
Blick des Künstlers auf seine
Werke einhüllt. Die Häuser haben
Säulengänge und isolierte
Meditationsmelancholien, Räume,
wo die Psyche seit Jahren,
vielleicht seit Jahrhunderten, ihr
Turnier der mondänen weltlichen
Befreiung nicht mehr spielt. Der
Tod, so unbekannt, aber vielleicht
mehr geliebt als anderswo,
erinnert auf diesen düsteren
Hügeln an die Dolchstösse der

Sonne bei den Abschiedsfeiern der "Belle Epoque".

Von Strenge sind die Landschaften der Jugend des Bildhauers geprägt, Bedingung für die Nachforschungen in einem älteren Umfeld, jenseits der ursprünglichen französischen Manie, der einfachen Schule der Impressionisten, an einem Ort, wo die katholischen Fragen punktuell entgleiten. Der Tanz hat schon nichts mehr gemeinsam mit dem frivolen Wechseln der Stoffe, mit den einfachen Erregungen der Kaffeehauskonzerte, wo die runden Tische und die Spiegel die aus Gewohnheit traurigen

Gesichter von Frauen und
Männern widerspiegeln.

Da hat das klassische Gebot eines
Donatello sein Senkblei, mit den
auf die Plätze hin geöffneten
Beichtstühlen, als die schulische
Intelligenz und Kultur ihre
Ordnung an die jüngsten
Botschaften aus dem Norden
durchsetzte. Die Frauen Manzùs
drängen sich in diesem Raum
zusammen wie Elfenbein auf
einem Schachbrett: Und sie
vergessen die Qual des
malerischen Einflusses nicht. Aber
dort, wo der Wegbereiter seine
Kenntnis von Farbe und Licht auf
eine einzige Dimension reduziert
hat, in der Skulptur, nähert sich

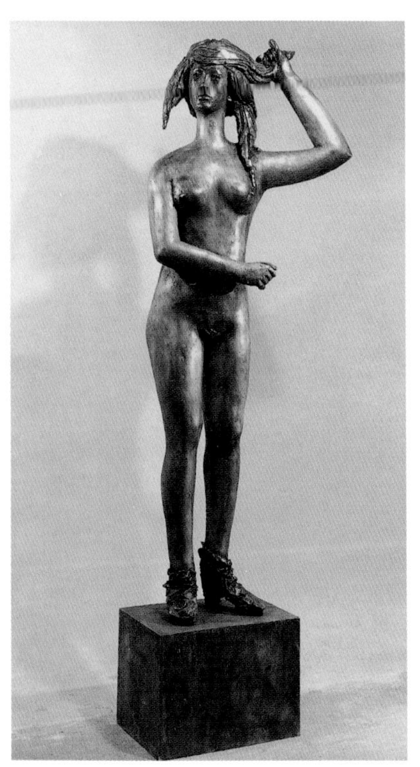

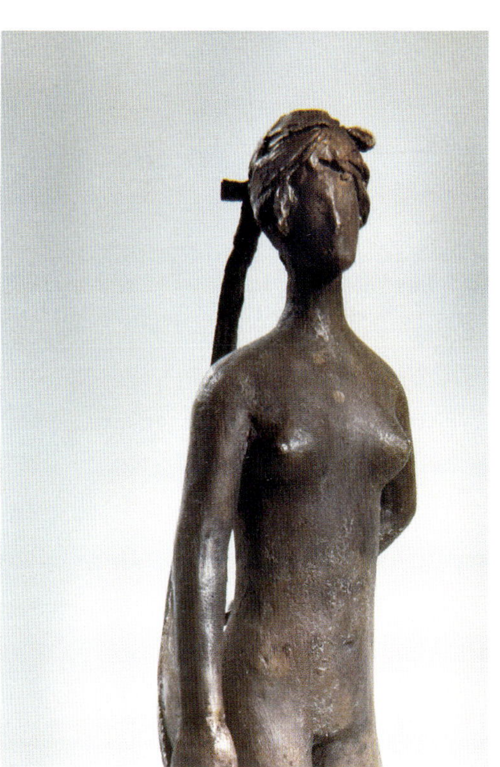

Manzù, wenn auch eher abstrakt
als realistisch, der absoluten
Plastizität der Statuen des
lombardischen Mittelalters. Die
schmerzhaften und längst
vergangenen Leiden der
romanischen Heiligen: klein und
in einem orthodoxen und
ergebenen Mystizismus der
bäuerlichen und höfischen Art
gefangen.

Salvatore Quasimodo

Deutsche Übersetzung: Gabi Geiser,
Zürich 2000

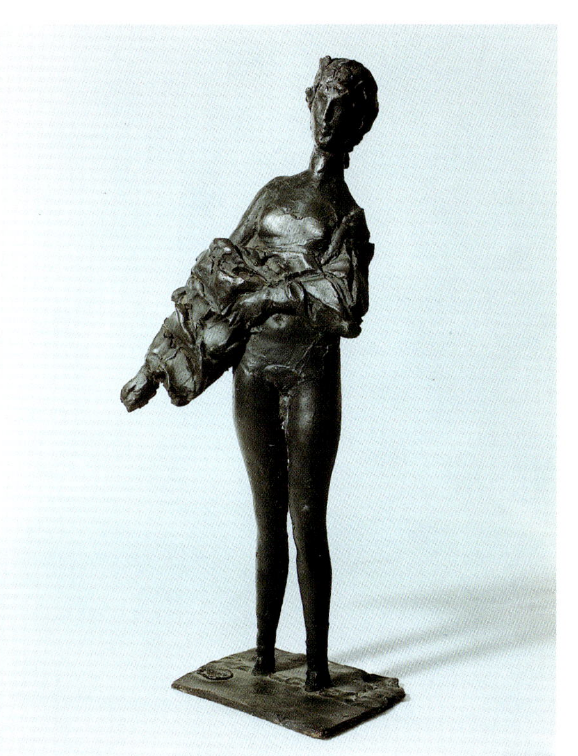

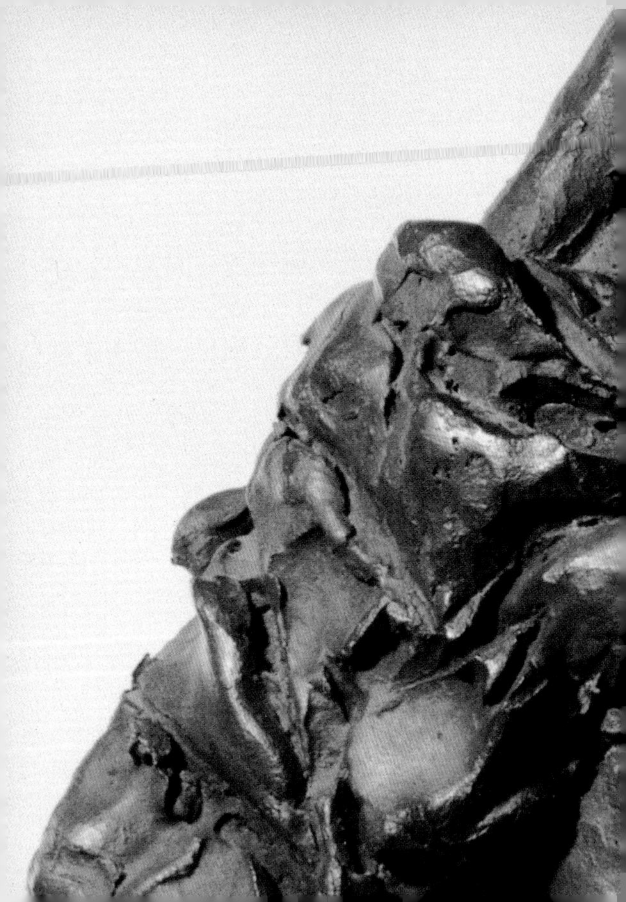

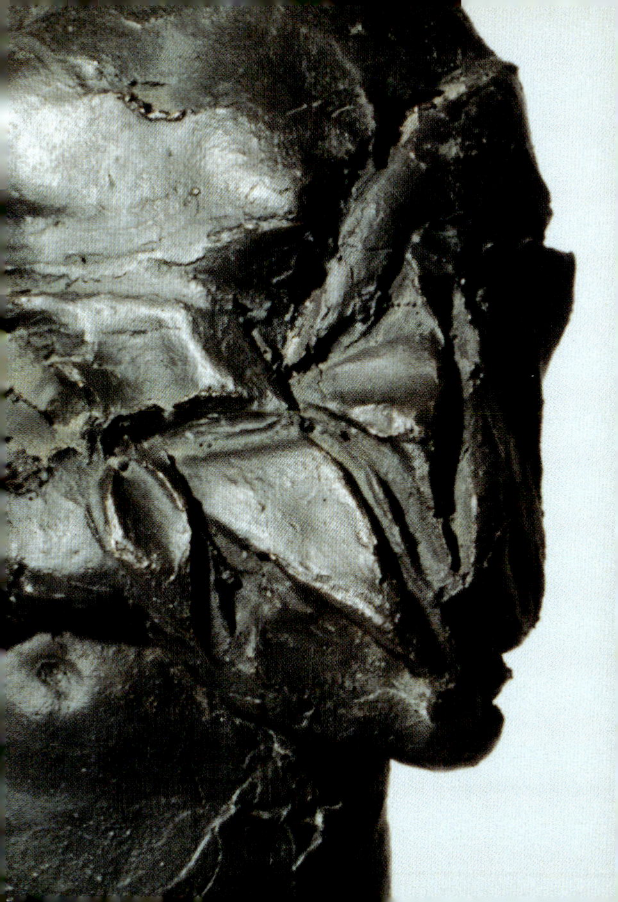

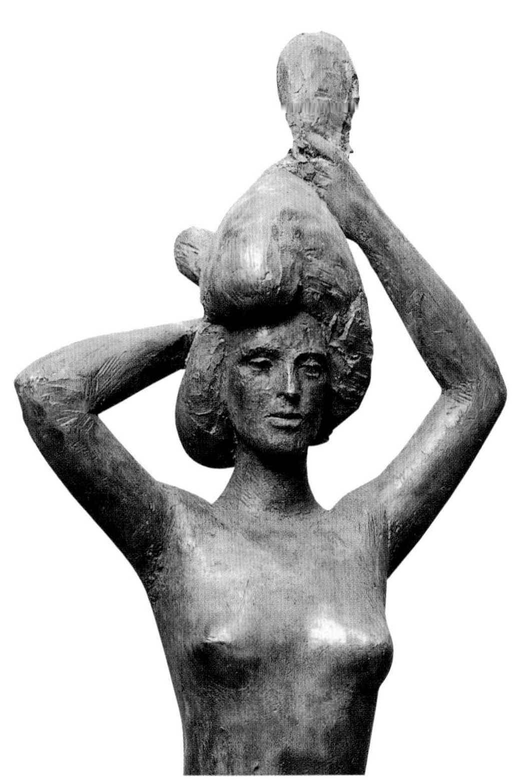

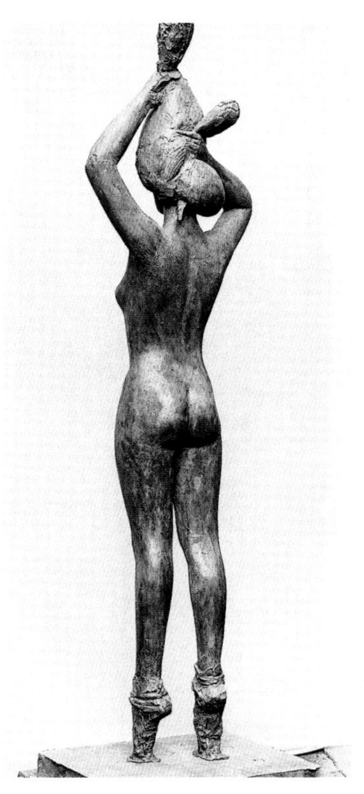

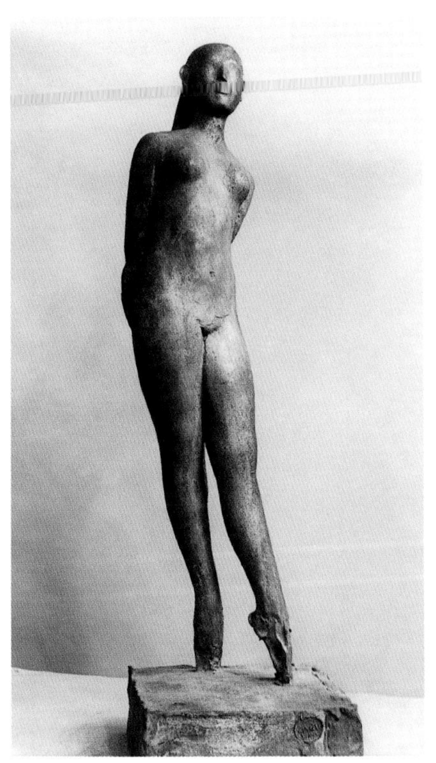

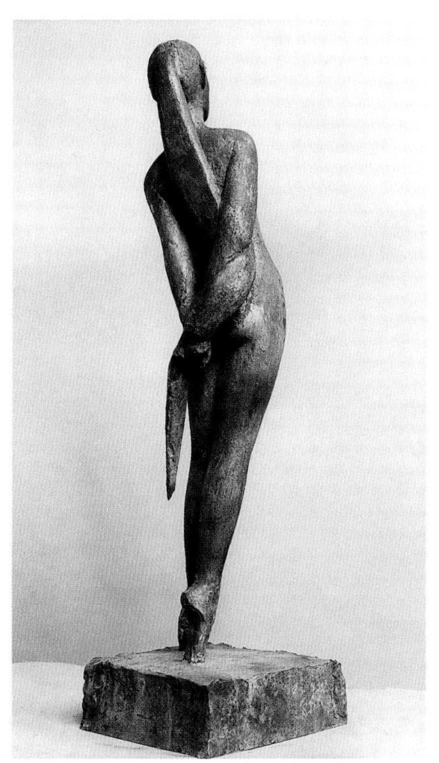

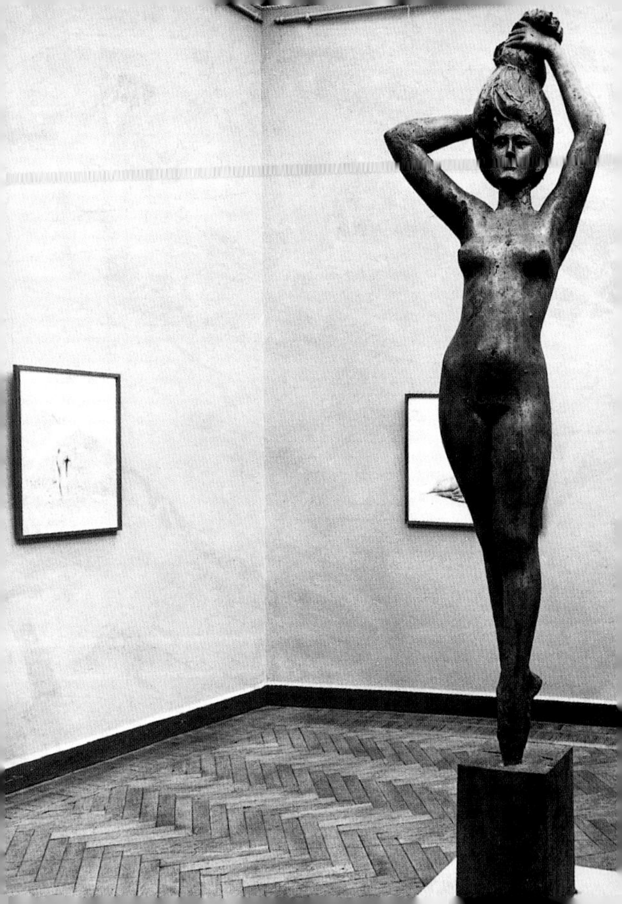

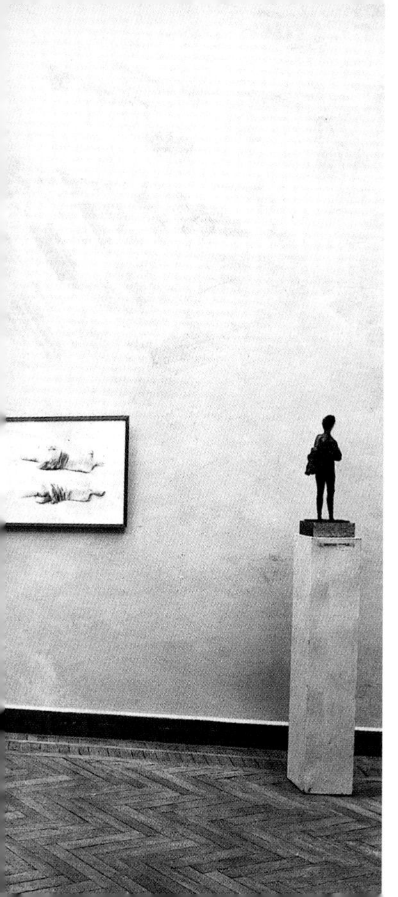

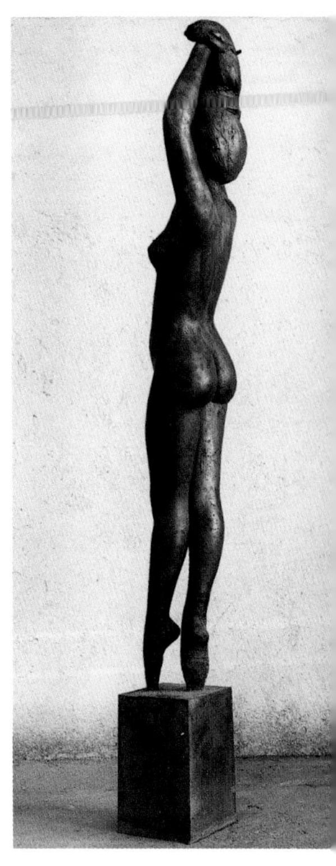

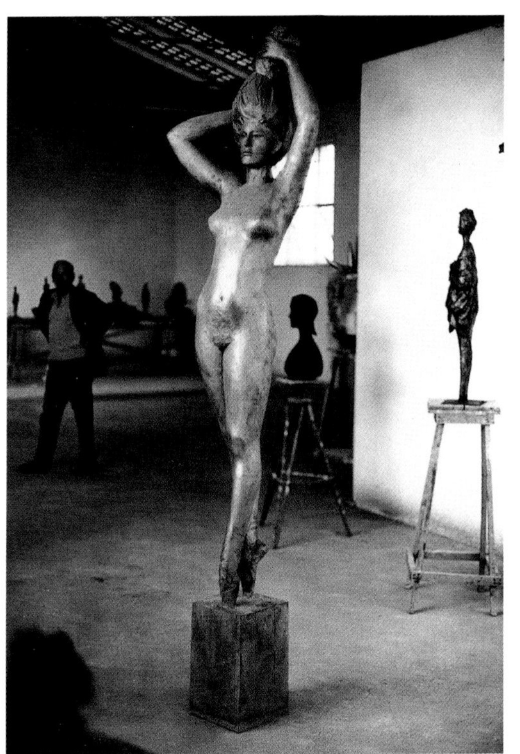

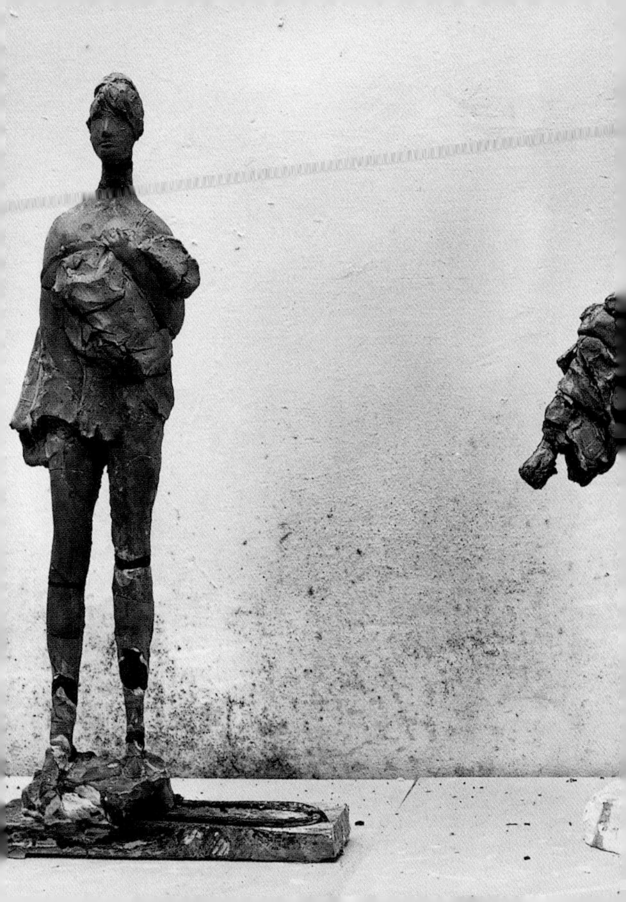

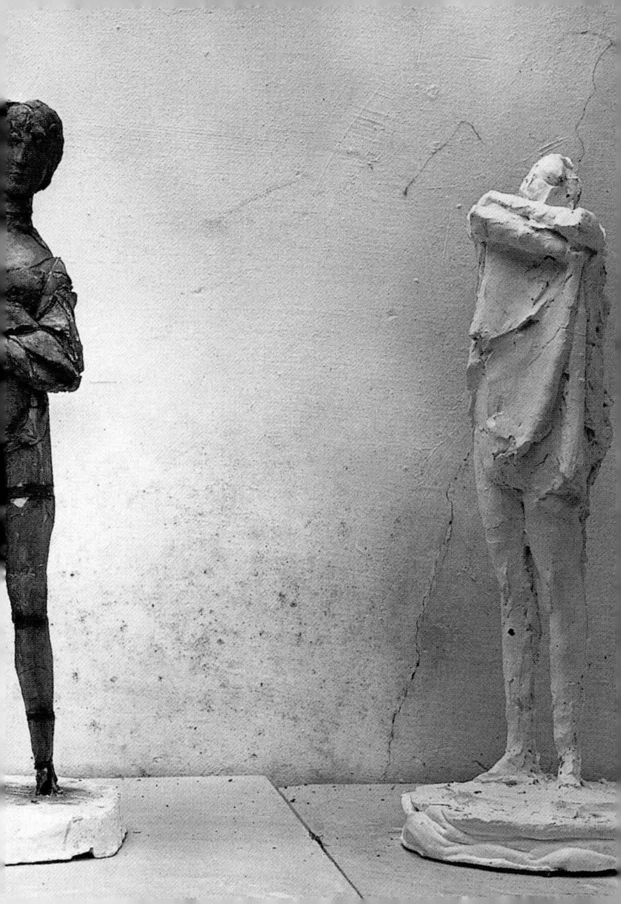

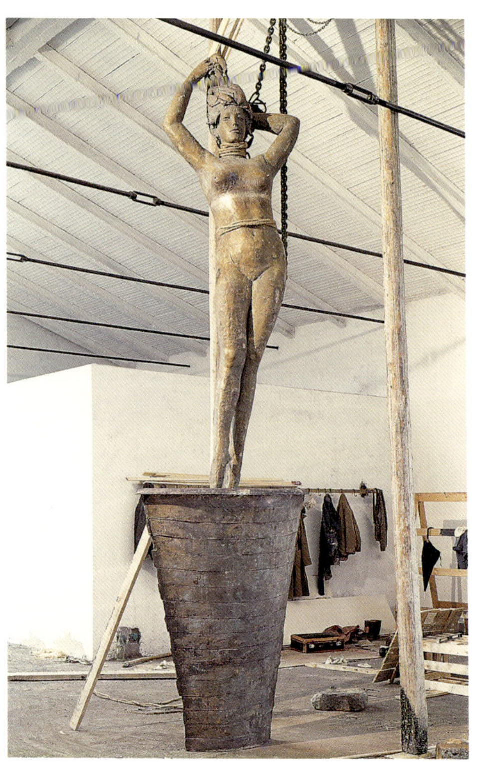

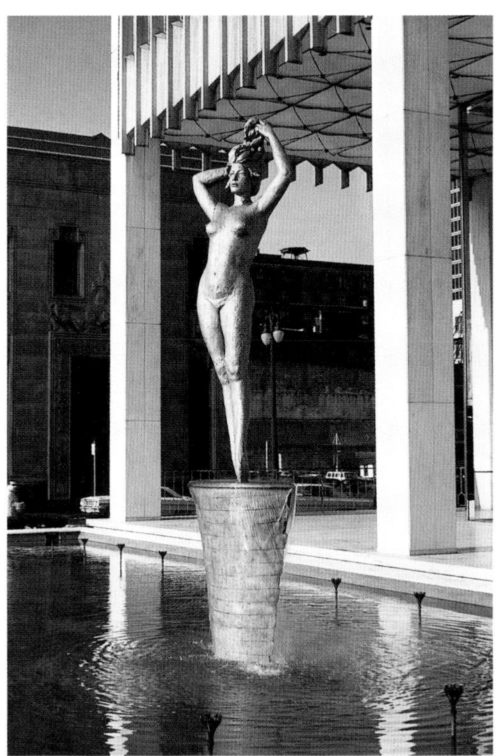

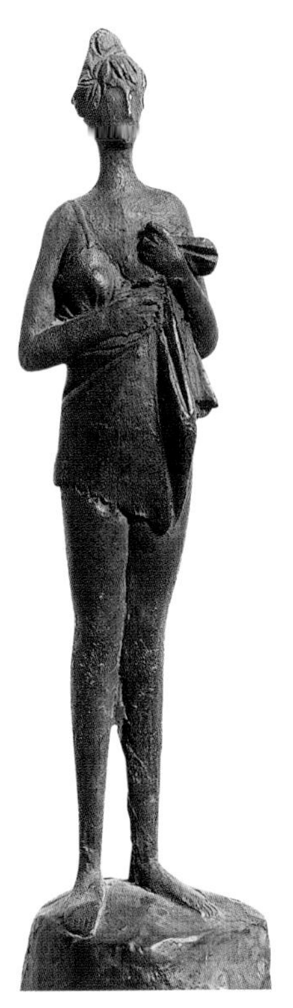

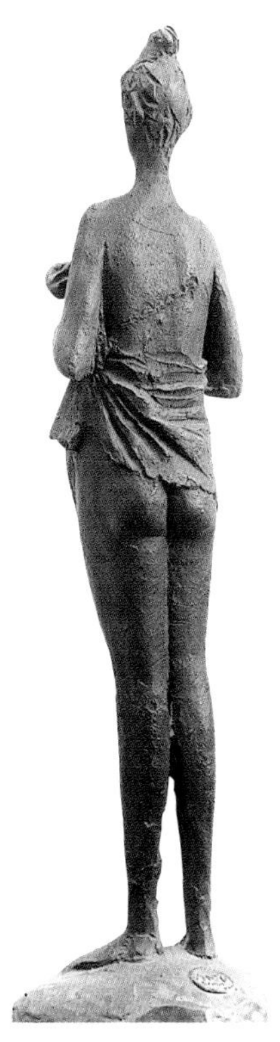

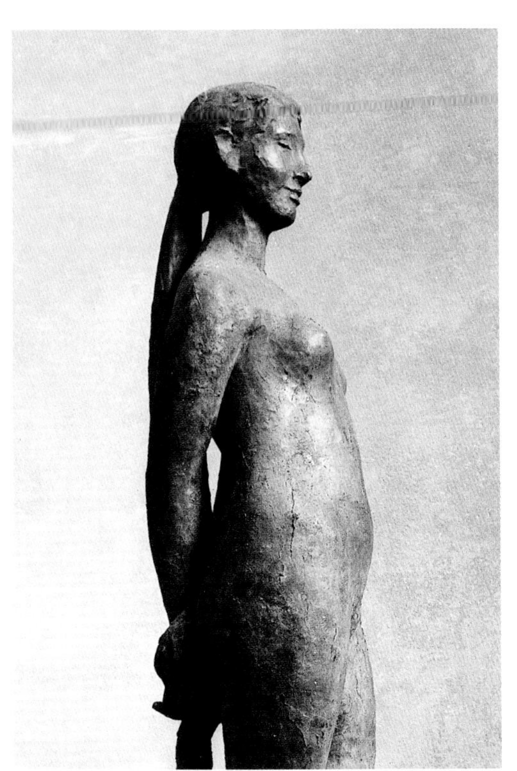

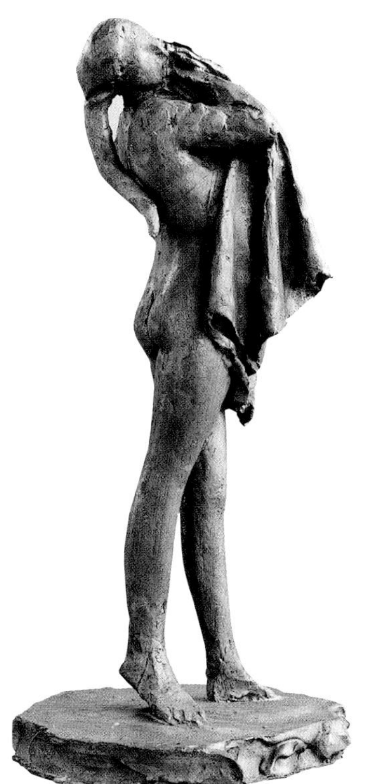

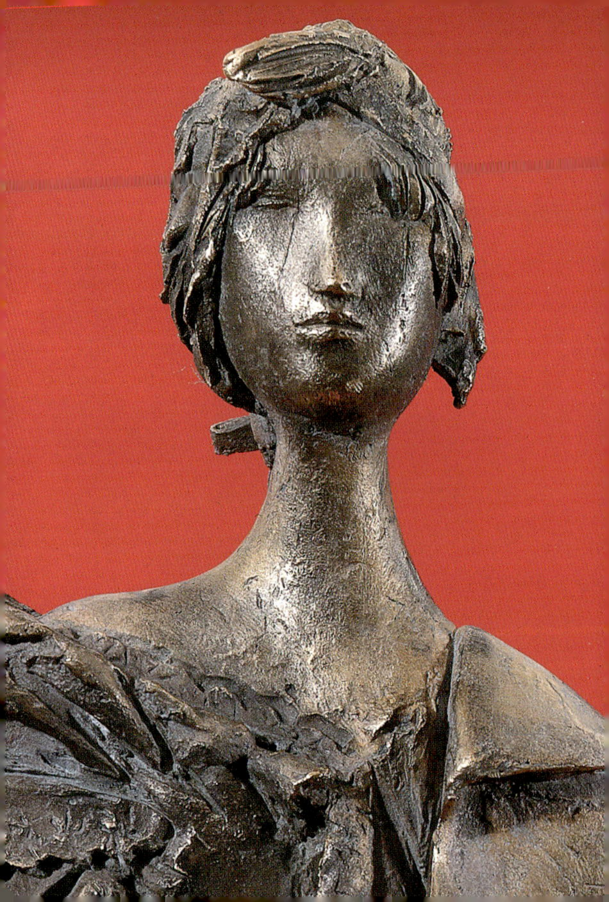

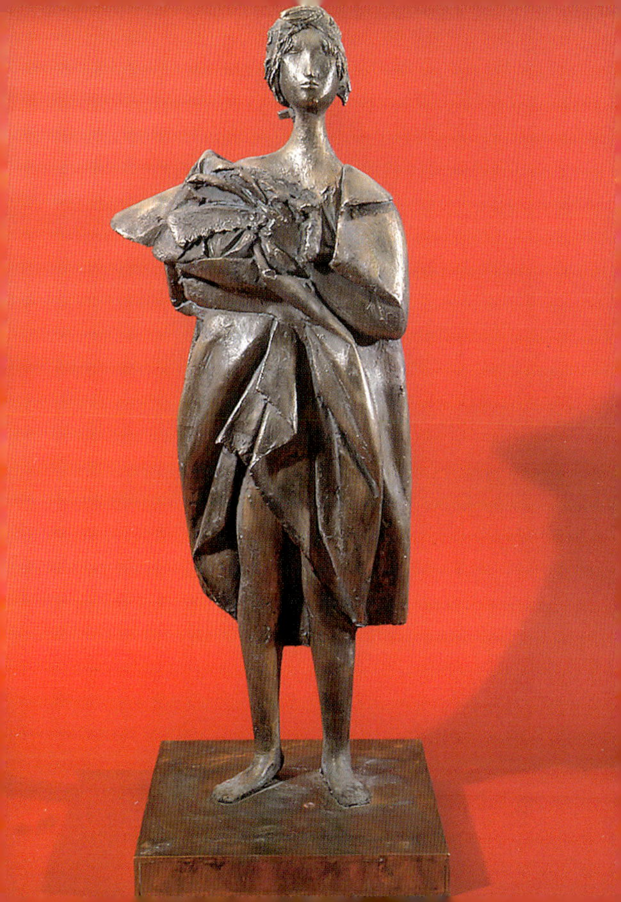

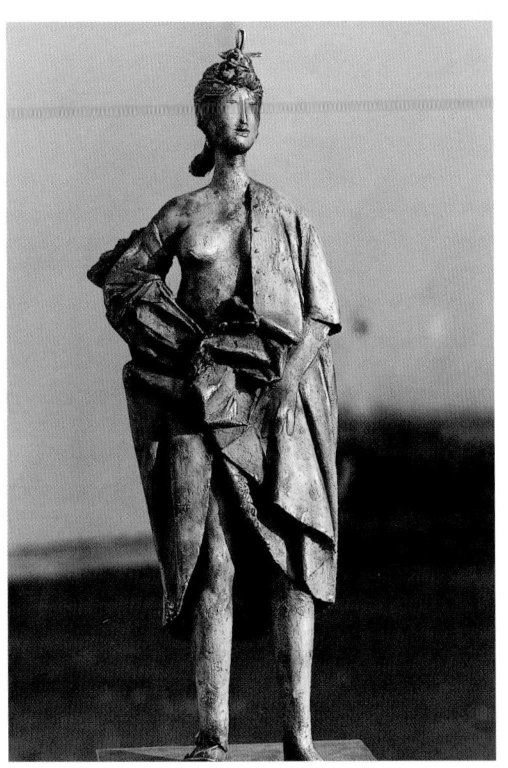

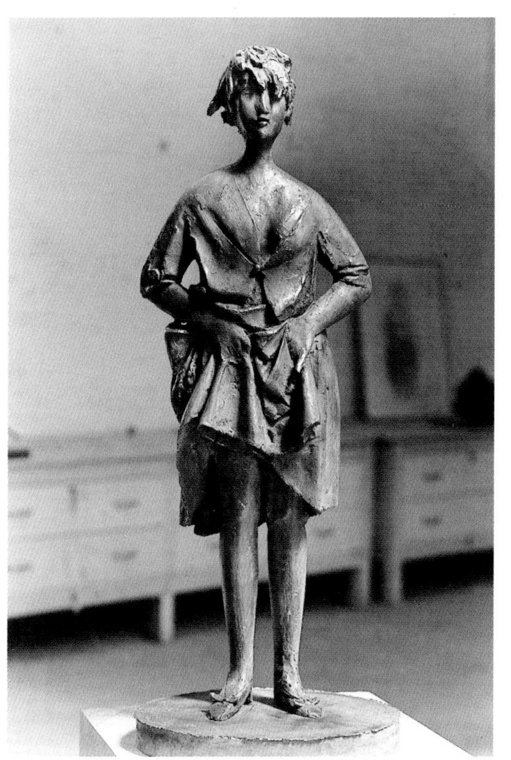

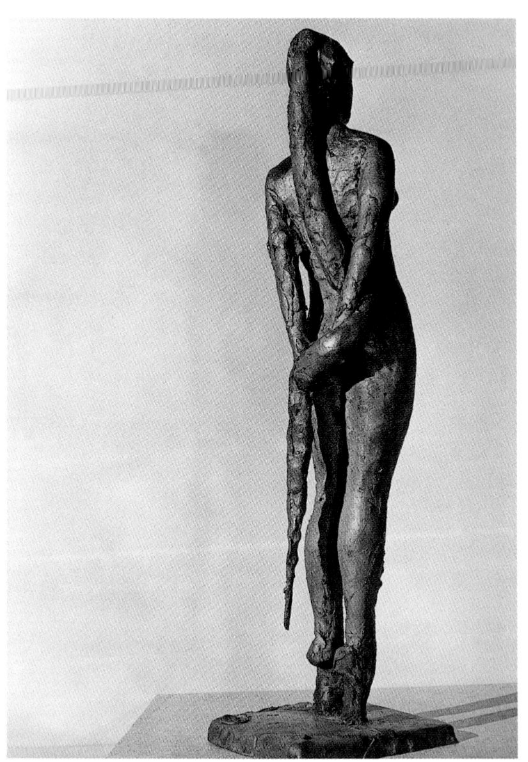

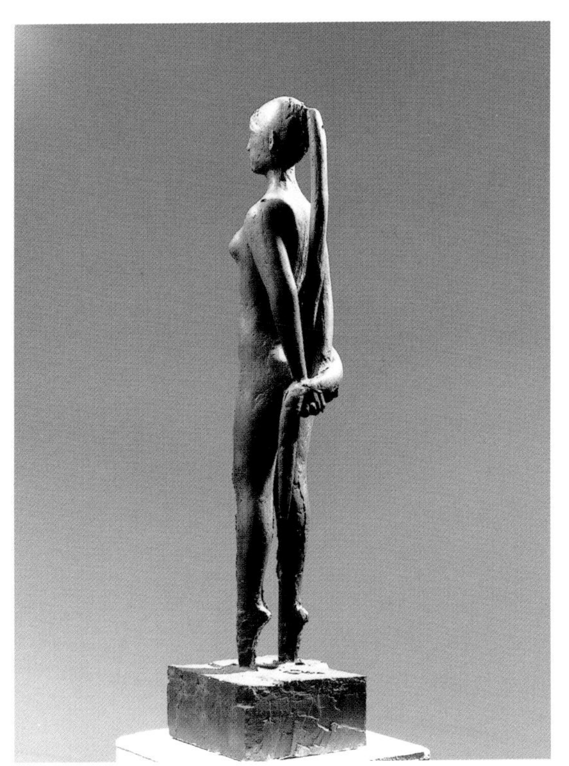

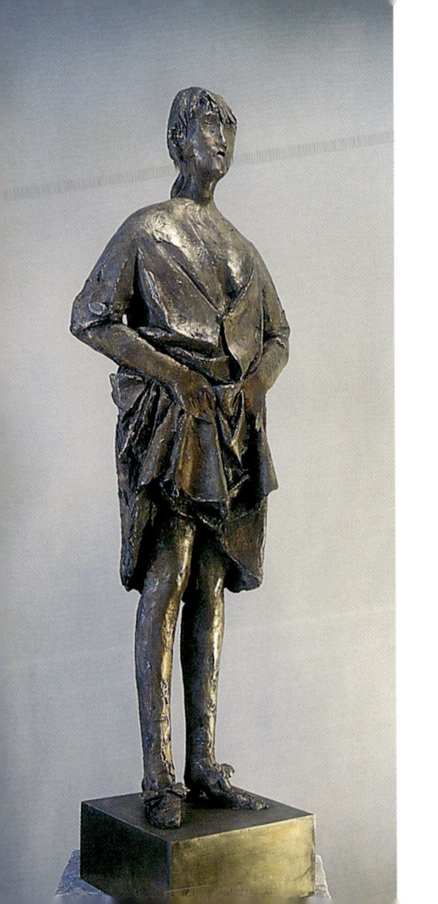

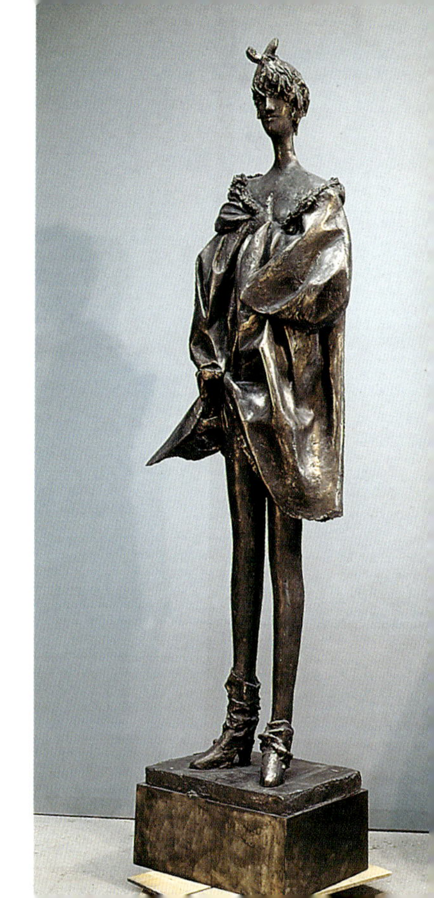

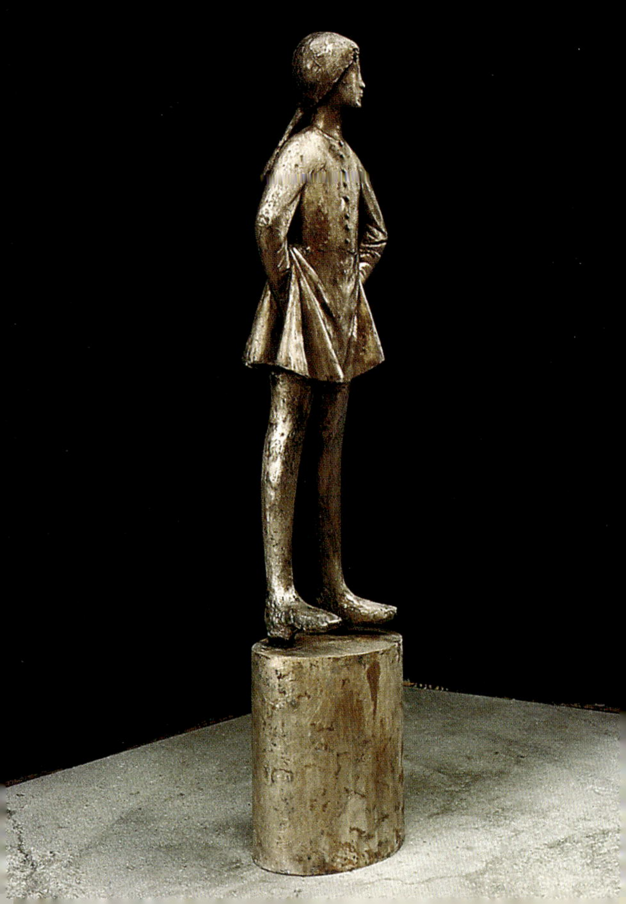

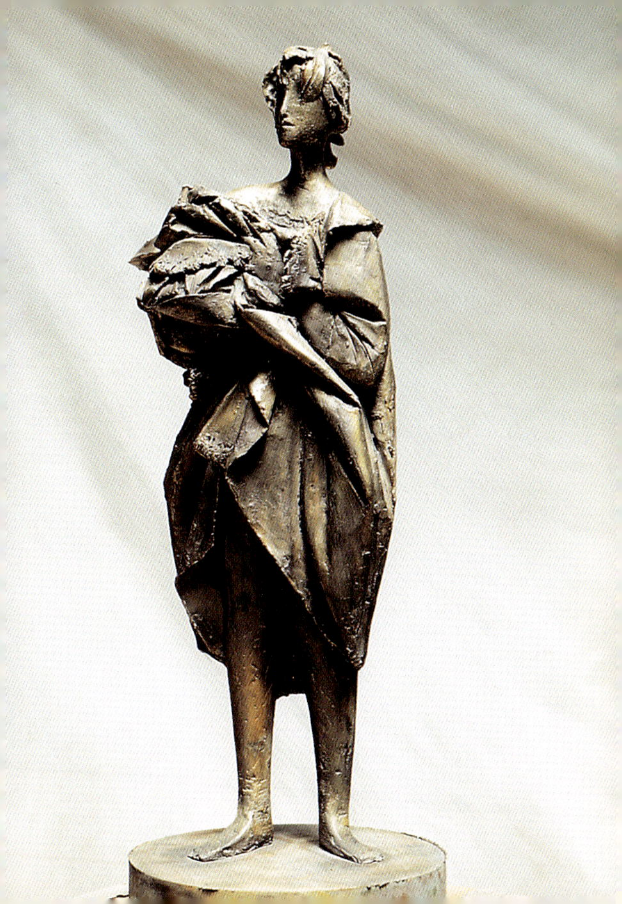

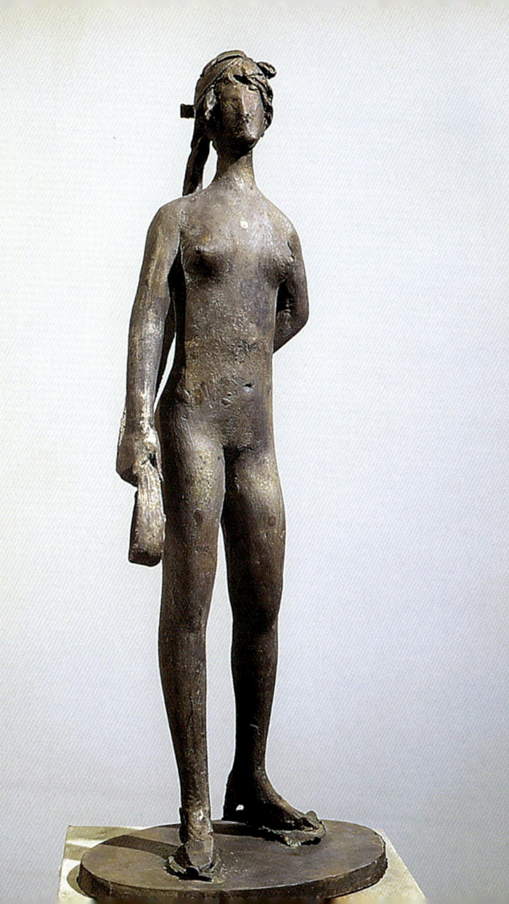

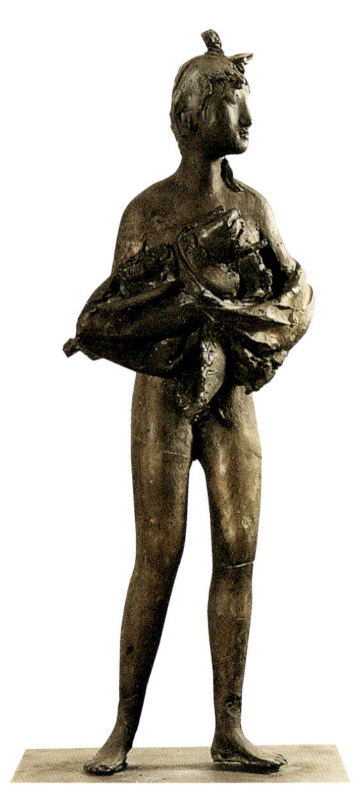

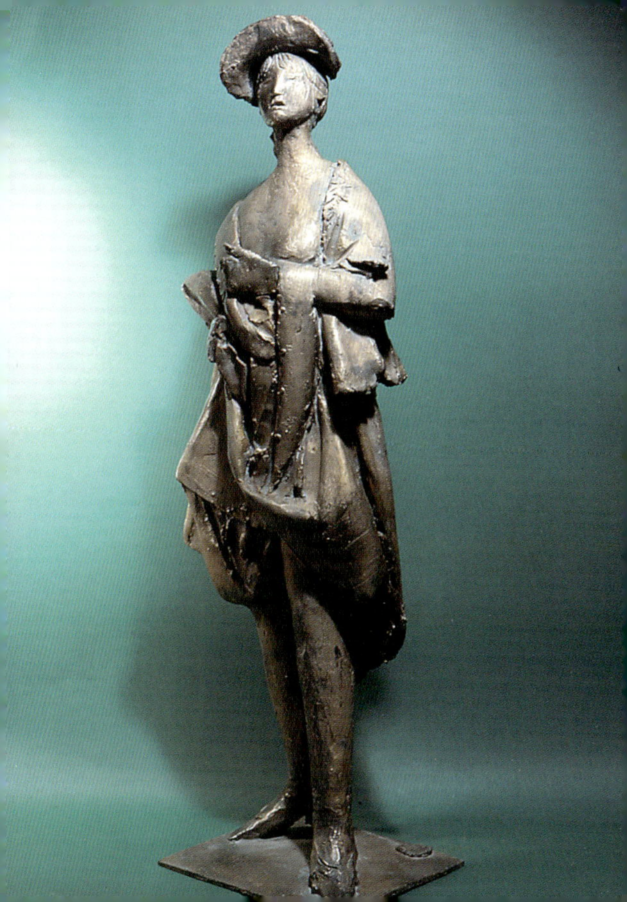

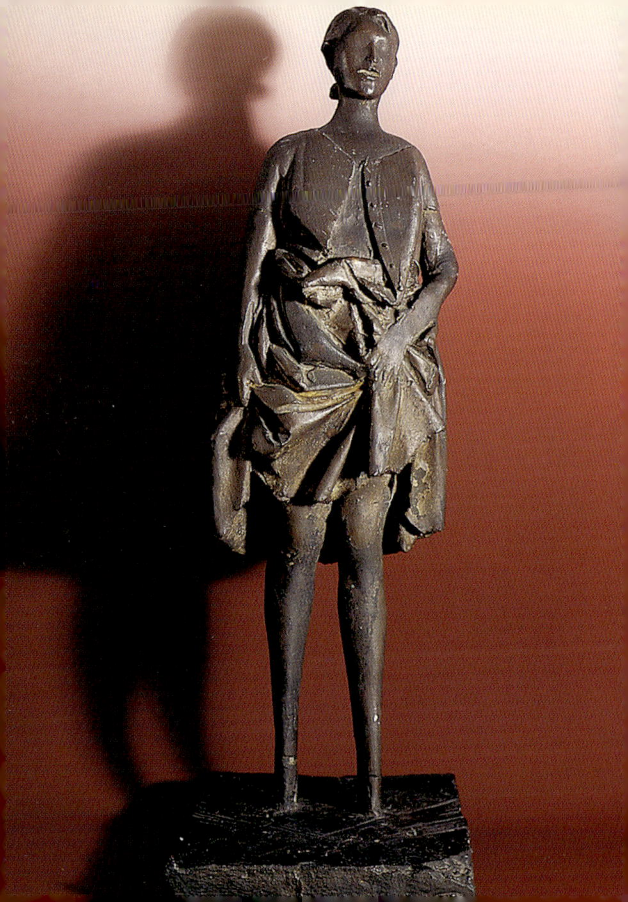

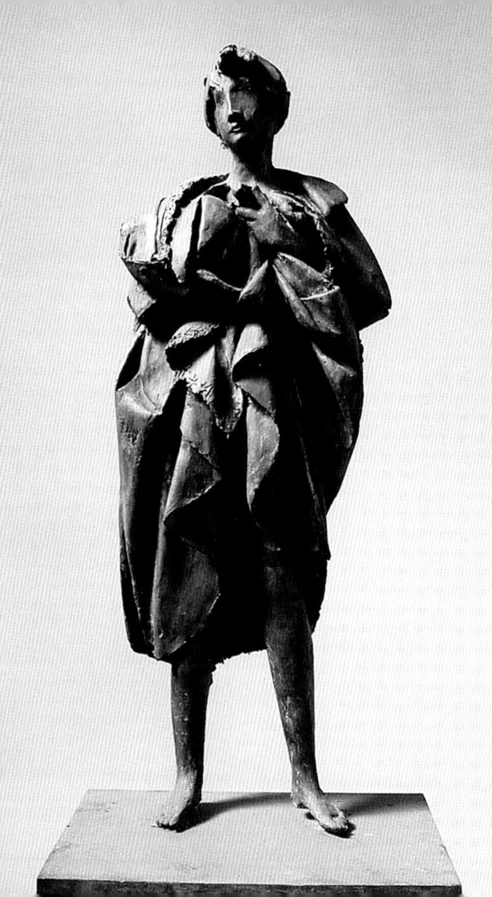

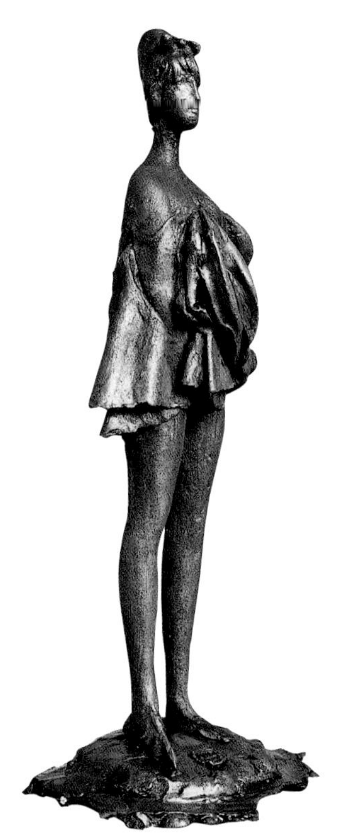

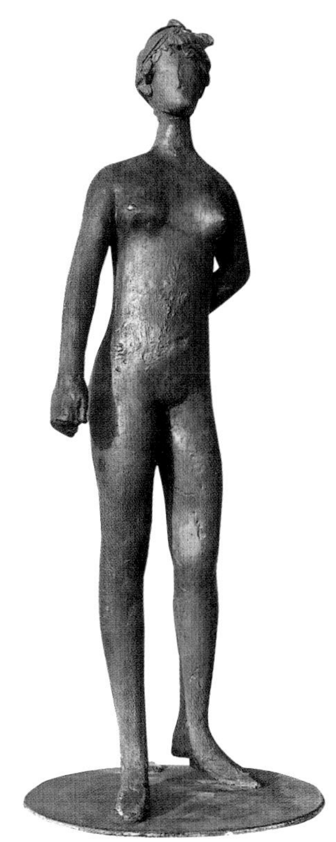

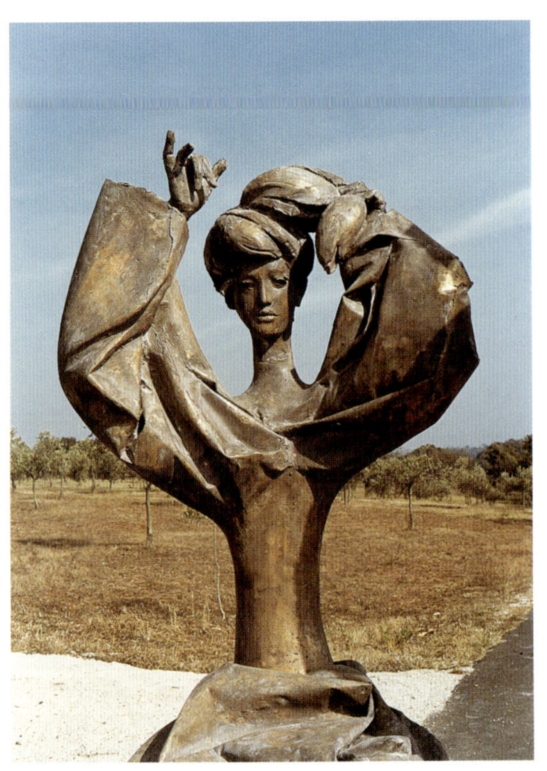

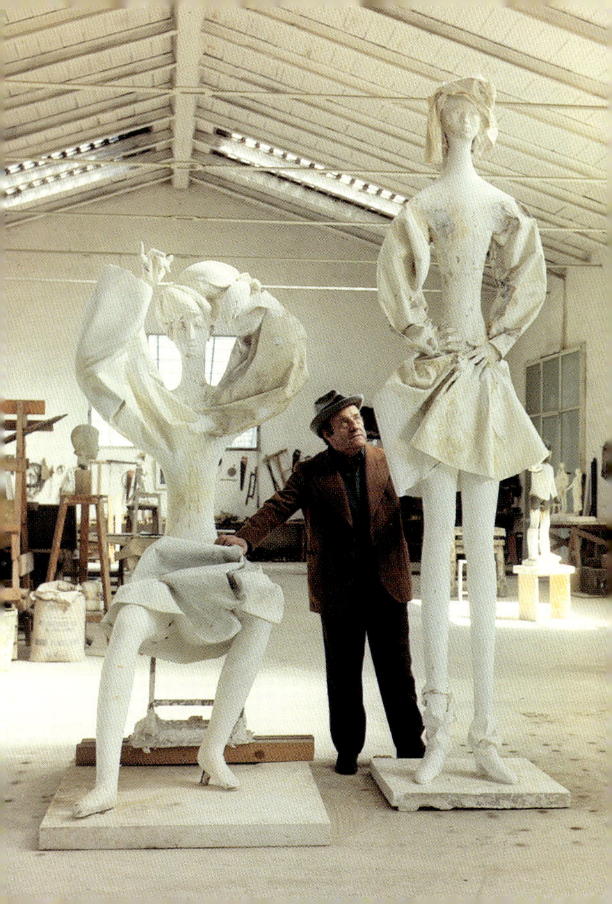

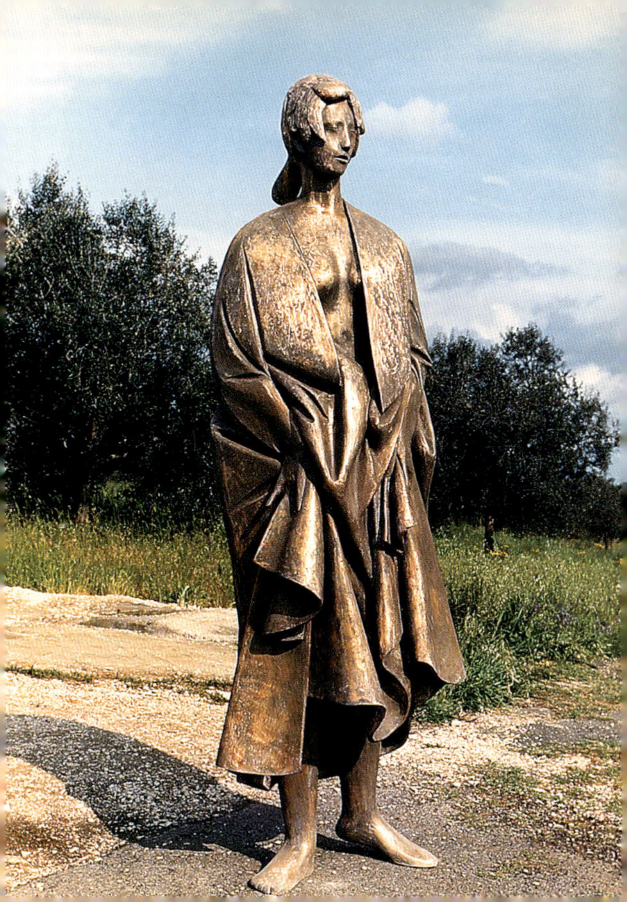

INDICE DELLE OPERE

26. *"Ballerina"*, 1962.
     Inchiostro blu,
     42 x 30 cm.

30. *"Danzatrice"*,
     1928 - 1929.
     Alto rilievo,
     47,5 x 23,5 cm,
     collezione privata,
     Bergamo.

32. *"Ballerine e dedica"*,
     1977.
     Inchiostro,
     16,5 x 8 cm ognuno.

36. *"Passo di danza"*,
     1950 - 1955.
     Bronzo, alt. 91 cm,
     collezione privata,
     Vailate.

37. *"Passo di danza"*,
     1956.
     Bronzo, alt. 85 cm.
     collezione privata,
     Londra.

45. *"Passo di danza"*,
     1956.
     Bronzo, alt. 70 cm.

46. *"Passo di danza"*,
     1954.
     Bronzo, alt. 75 cm.

48. *"Passo di danza"*,
     1959.
     Bronzo, alt. 208 cm.

51. *"Striptease"*, 1983.
     Bronzo, alt. 66 cm,
     particolare.

54. *"Passo di danza"*,
     1985.
     Bronzo, 240 cm,
     ill. in copertina.

55. *"Passo di danza"*
     1985.
     Bronzo, 240 cm,
     particolare.

56. *"Passo di danza"*,
1985.
Bronzo, 240 cm,
particolare.

57. *"Ballerina"*, 1960.
Bronzo, alt. 60 cm,
particolare.

63. *"Striptease"*, 1980.
Bronzo, alt. 76,8 cm,
variante di due.

64. *"Danzatrice"*, 1956.
Bronzo, alt. 42 cm,
pezzo unico,
collezione privata,
Galerie Welz,
Salisburgo.

66. *"Doppio passo di
danza"*,
Bronzo.

76/78. *"Passo di danza"*,
1973.
Bronzo, alt. 230 cm,
collezione privata,
Galerie Welz,
Salisburgo.

77. *"Grande carrozza
delle ragazze"*, 1973.
Bronzo, alt. 260 cm,
particolare.

80. *"Passo di danza"*,
1982.
Bronzo, alt. 68 cm,
particolare.

81. *"Ballerina"*, 1960.
Bronzo, alt. 60 cm.

82. *"Ballerina"*, 1960.
Particolare,
bronzo, alt. 60 cm.

84. *"Passo di danza"*,
1960.
Bronzo.

86. *"Passo di danza"*,
1960.
Bronzo.

89. *"Passo di danza"*,
1956 - 1958.
Bronzo, alt. 270 cm.

90. *"Passo di danza"*,
1956 - 1958.
Bronzo, alt. 270 cm,
collezione della
R.A.I.

92. *"Serie di striptease"*,
1962.
Gessi e crete.

94. *"Passo di danza"*,
1963.
Bronzo, alt. 500 cm,
collezione privata,
U.S.A.

96. *"Striptease"*, 1965.
Bronzo, alt. 66 cm.

98. *"Ballerina"*, 1954.
Bronzo, alt. 210 cm,
particolare,
collezione privata,
Salisburgo.

99. *"Striptease"*, 1965.
Bronzo, alt. 57 cm,
particolare,
collezione privata,
New York.

100. *"Passo di danza"*,
1973.
Bronzo, alt. 100 cm,
particolare
collezione privata.

101. *"Striptease"*, 1965.
Bronzo, alt. 56,5 cm.

102. *"Striptease"*,
bronzo, alt. 82 cm e
particolare,
collezione privata,
New York.

104. *"Striptease"*, 1980.
Bronzo, alt. 85 cm.

105. *"Striptease"*, 1980.
Bronzo, alt. 91 cm.

106. *"Passo di danza"*,
1967.
Bronzo, alt. 58 cm.

107. *"Passo di danza"*,
1965.
Bronzo, alt. 63,5 cm,
Raccoltà Manzù,
Ardea.

108. *"Striptease"*, 1979.
Bronzo.

109. *"Striptease"*, bronzo.

110. *"Pattinatrice"*,
1965 - 1970.
Bronzo, alt. 197 cm,
variante.

111. *"Striptease"*,
Bronzo.

113. *"Passo di danza"*,
1982.
Bronzo, alt. 68 cm.

114. *"Striptease"*, 1984.
Bronzo, alt. 70 cm,
pezzo unico,
collezione privata,
Tokyo.

115. *"Striptease"*, 1983.
Bronzo, alt. 63 cm,
collezione privata,
Roma.

116. *"Striptease"*, 1965.
Bronzo, alt. 65 cm,
variante di tre.

117. *"Striptease"*, 1982.
Bronzo, alt. 100 cm.

118. *"Striptease"*, 1965.
Bronzo, alt. 49 cm.

119. *"Passo di danza"*,
1981.
Bronzo, alt. 65 cm,
collezione privata,
Ostia, Roma.

120. *"Dopo la danza"*,
1975.
Bronzo,
294 x 202 x 276 cm.

124. Giacomo Manzù
nello studio di
Ardea, 1978.

125. *"Donna che guarda"*,
1983 - 1990.
Bronzo, alt. 252 cm.